247
249
251

Rua Dom Bosco.

Crônicas da Mooca

·PAULICEIA·

Coordenação Emir Sader

A imagem de São Paulo se modifica conforme as lentes que utilizamos. O sonhado e o real, o desejado e o rejeitado, o vivido e o simbolizado, o cantado e o pintado, o desvairado e o cotidiano – múltiplas facetas de uma cidade-país – são retratados nesta coleção. São quatro séries, que buscam montar um painel das infinitas visões paulistas: Retratos (perfis de personalidades que nasceram, viveram ou eternizaram suas obras em São Paulo), Memória (eventos políticos, sociais e culturais que tiveram importância no estado ou na capital), Letras (resgate de obras – sobretudo de ficção – de temática paulista, há muito esgotadas ou nunca publicadas em livro) e Trilhas (histórias dos bairros da capital ou de regiões do estado).

Para tanto, foram selecionados autores, fenômenos e espaços que permitam a nosso olhar atravessar o extenso caleidoscópio humano desta terra e tentar compreender, em sua rica diversidade e em toda sua teia de contradições, os mil tons e subtons da Pauliceia.

Mino Carta

Crônicas da Mooca

(com a benção de San Gennaro)

Fotografias
Hélio Campos Mello

Boitempo Editorial

•PAULICEIA•

CRÔNICAS DA MOOCA
(com a benção de San Gennaro)

Coordenação editorial
Ivana Jinkings

Editor-assistente
Jorge Pereira Filho

Assistência editorial
Elisa Andrade Buzzo e Frederico Ventura

Preparação
Flamarion Maués

Revisão
Alessandro de Paula e Silva

Diagramação e capa
Antonio Kehl
sobre foto de Hélio Campos Mello

Produção
Marcel Iha

CIP-BRASIL. CATALOGAÇÃO-NA-FONTE
SINDICATO NACIONAL DOS EDITORES DE LIVROS, RJ

C314c
Carta, Mino, 1933-
Crônicas da Mooca / Mino Carta ; fotografias Hélio Campos Mello. - São Paulo : Boitempo, 2009.
il. - (Pauliceia)

ISBN 978-85-7559-142-0

1. Mooca (São Paulo, SP) - História. 2. Mooca (São Paulo, SP) - Miscelânea. I. Mello, Hélio Campos, 1948-. II. Título. III. Série.

09-3020. CDD: 981.61
CDU: 94(815.61)

24.06.09 29.06.09 013409

1ª edição: agosto de 2009

BOITEMPO EDITORIAL
Jinkings Editores Associados Ltda.
Rua Pereira Leite, 373
05442-000 São Paulo SP
Tel./fax: (11) 3875-7250 / 3872-6869
editor@boitempoeditorial.com.br
www.boitempoeditorial.com.br

Sumário

veículos
LOJA 1: RUA ORATÓRIO
LOJA 2: RUA ORFANATO, 919

Apresentação

Sempre cara me foi a Mooca, não menos que o Brás, uma continuação do outro, e vice-versa. Por lá andei muito em noites perfumadas pelo jasmim, tempo em que havia quem levasse cadeiras para as calçadas para conversar debaixo da lua. A luz dos lampiões ganhava faíscas nas paredes das casas de nicassio[1], incrustada, assim me parecia, por asas de mariposas furtadas ao seu rodopio nas auréolas luminescentes.

Começos de 1983, Donatella Berlendis, boa amiga, convidou-me para um papo nas cercanias de uma garrafa. Tinha uma pequena editora, hoje herdada pelo filho Bruno, a Vertecchia e Berlendis, de publicações esmeradas. Queria sair com um livro sobre a Mooca, a ser lançado na Festa de San Gennaro, organizada anualmente à sombra do abside da igreja dedicada ao milagreiro dos napolitanos e erguida sobre o desenho de

[1] Forma pela qual era conhecida na Mooca uma amálgama à base de cimento e amianto.

mestres de obras que usavam a ponta do guarda-chuva em lugar do lápis, a riscar a terra nas proporções definitivas.

Um livro de crônicas, sem maiores pretensões, ditadas, porém, pelo sentimento e ilustradas pela objetiva do velho companheiro de aventuras Hélio Campos Mello. Agrada-me muito vê-lo republicado e agora o encaro como livro de memórias, vida represada enquanto a Mooca não é mais aquela.

Na memória, costumo revisitar pessoas e lugares, vivos porque vivo estou. Entregue ao átimo infinitesimal do presente, dono, porém, do espaço transitável do passado. No bairro, se ando nele como em outros tempos, toma-me algo mais fundo que a própria saudade de mim mesmo. Enxergo o enésimo assalto à memória da cidade. Por ora, no caso da Mooca, sobra esta.

São Paulo, fevereiro de 2009

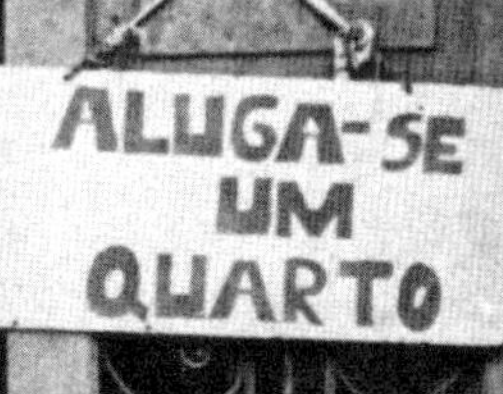

Crônicas da Mooca

Na rua Odorico Mendes, Walter Silva animava, do alto de um tablado erguido sobre a calçada nas manhãs de domingo, uma "hora do calouro" e, de tarde, uma vesperal de lutas de boxe.

Esperta, embora de princípios inflexíveis, era a Faísca. Saía de madrugada da Barão de Jaguara e ao longo do caminho nascia das brumas, como Vênus do mar, porque, além de tudo, ela era bela. O dia estica oblíquos dedos de luz na fenda da Caetano Pinto, a cada minuto mais sonora de vozes e passos, e a Celso Garcia, quando Faísca a atravessa, é uma torrente de poeira solar em que navega com toda a firmeza da sua silhueta poderosa. E na rua do Gasômetro ela se despe das últimas sombras, enquanto fiapos de cerração se enroscam nas árvores do passeio. Voltava para a cocheira da Barão de Jaguara por volta do meio-dia, para um justo repouso.

Era uma égua castanha, chamada a substituir o alazão Monarco, que, com a certeza do dever cumprido, foi morrer no pasto, talvez lá pelas bandas da "Ilha do Sapo", no lugar onde hoje fica a fábrica da Arno. Mas se foi lá mesmo que se deu o passamento, não posso garantir. Sei, apenas e ao certo, que aquele pedaço varzeano costumava ser poupado pelas

Por essas calçadas a reminiscência da passagem de Faísca.

enchentes, de sorte que era seguro para cavalos e moleques, com suas bolas e papagaios, e namorados, em noites claras, dispostos a se deixarem rodear pela cantoria dos sapos. Creio que também houvesse grilos.

O que Monarco tinha de soberbo, tinha de manso, conforme a reminiscência de Angelo Iervolino, nascido na Barão de Jaguara, caçula dos nove filhos do padeiro Alfonso, seis homens e três mulheres. Monarco trafega pelo mito, Faísca pela vida. A imagem do alazão que trota nas zonas interiores de Angelo resulta sobretudo da lembrança que deixou entre seus irmãos, até hoje a falar de Monarco com admiração e respeito. Mas a Faísca foi Angelo quem a conduziu, menino, pelas ruas da Mooca e do Brás, atrelada à carrocinha carregada de pão recém-saído do forno. Disse conduziu e me arrependo, porque não era bem assim.

Faísca ia pelo meio da rua e Angelo pela calçada, anunciando-lhe a chegada, misturando o seu grito aos dos outros vendedores ambulantes e enrouquecendo prematuramente a voz, que agora, passados mais de trinta anos, parece tramontana a soprar sobre papel-lixa. Nos pontos certos Faísca se detinha sem que fosse preciso segurar-lhe as rédeas, e andava pelo bairro com a autoridade de quem o conhece desde sempre, de sorte que o menino se fortalecia na convicção de que a égua poderia percorrer aquele trajeto sem a ajuda de ninguém. Manda o apego à verdade, no entanto, que se registre a parceria perfeita entre Angelo e Faísca, baseada no amor que só uma consciente dependência recíproca pode gerar e só um furgão International pode desfazer.

O furgão, logo secundado por uma perua Fordson e um triciclo, seria mais adequado ao progresso, nos anos 1950, e menos aferrado do que a Faísca aos direitos trabalhistas. Pois a égua era do tipo "amigos, amigos, negócios à parte" e, passado o meio-dia não trabalhava mais, por razão ou força alguma, até as três horas da madrugada do dia seguinte, quando Angelo ia buscá-la na cocheira próxima da padaria do Alfonso. Em vão se pretenderia convocá-la para um serviço extra, fato este que, ao invés de irritar seus donos, suscitava neles simpatia, quando não uma afetuosa compreensão.

Cavalos e homens davam-se bem na Mooca, sem esquecer dos muares, ainda que, por um certo período, o saci-pererê se esforçasse para azedar-lhes as relações.

Alfredo Di Cunto, padeirinho como Angelo, hoje diretor da Irmãos Di Cunto, grande empresa de produtos alimentícios, quando ia no rumo da cocheira da rua João Caetano, para apanhar seu cavalo nas madrugadas da década de 1930, baçamente clareadas pelos lampiões de gás, caminhava com o coração na garganta e o passo hesitante, pelo temor de tropeçar, de repente, na sombra do saci.

E, se ao longe vislumbrasse um semelhante, apressava-se para emparelhar-se a ele, na certeza de que ambos ganhariam em tranquilidade. Era um tempo em que, no meio da noite metia medo era a eventualidade de encontros com fantasmas e espíritos malignos. Mas nem na cocheira Alfredo se sentiria a salvo. O risco do susto amoitava-se entre as massas possantes de cavalos e burros de carga, imersos nos vapores dos seus bafos quentes. Atribui-se ao saci a peça maldosa de trançar crinas e caudas umas nas outras, com precisão e paciência de rendeira de bilros, e certa vez, de pavor gigante, Alfredo teve a prova de que o saci não era fantasia, ao dar com o desespero dos bichos, dolorosamente presos uns aos outros pelas crinas trançadas.

Então larga parte do transporte de mercadorias, no varejo dos ambulantes e no atacado das grandes firmas, ainda se fazia por tração animal, e os caprichos do saci complicavam a vida do bairro e da cidade, e nem se diga dos percalços que o elfo tropical provocaria se mergulhasse na cocheira da celebrada Rodovalho, detentora, em todo o município, dos serviços fúnebres e, a gosto dos fregueses abastados, habilitada a fornecer carroças e cavalos brancos para desfiles de noivos e convidados em festas de casamento. Estabelecida à rua da Mooca, no mesmo local em que hoje se ergue um conjunto de edifícios da Guarantã, a Rodovalho fechou as portas na década de 1930, vencida, antes que a Faísca, pelo progresso motorizado. Os cavalos foram leiloados e alguns arrematados, segundo lembrança inapagada, pelo conde Matarazzo, enquanto os cocheiros aposentavam suas cartolas e uniformes oitocentescos. Melhor foi o destino do mais antigo funcionário da Antarctica, um burro de carga, a tomar sua desforra contra quadrúpedes mais nobres. Deixaram que morresse em paz, aos 54 anos, para somente então desmobilizar o que sobrava dos estábulos mooquenses da quase secular fábrica de cerveja, em fevereiro de 1982.

E mais de um século escoara desde a época em que, em uma fazenda do alto da Mooca, Rafael Aguiar Paes de Barros, *turfman* e *grand-seigneur*, desses da aristocracia paulista que, ao viajarem a Paris, levavam vacas para garantia do seu abastecimento de leite indiscutivelmente fresco, começara a criar puros-sangues importados da Inglaterra e da França, preparando-os para as corridas do Hipódromo, primeiro Jóquei da cidade, fundado em território mooquense em 1876. Mas a sorte efêmera dos bichos estava selada, sem que dessem conta disso os paulistanos de então, no exato instante em que o primeiro trem da São Paulo Railway transitou resfolegando à margem da fazenda de Paes de Barros, em 1867. O trem e os cavalos do Hipódromo convocaram a cidade, com diversos apelos, para as áreas alagadiças situadas além do Tamanduateí, ainda pouco tempo antes navegável. Contra as corridas do Jóquei, propiciadoras de diversão e paixão nos fins de semana, mais valeu a potência das maria-fumaças, cuja presença determinaria ali o nascimento da primitiva indústria paulistana.

A zona já fora densa de matas, além do porto que justificara o nome da ladeira empinada até o Pateo do Collegio, Ladeira Porto Geral, a cujos pés desembarcava, há centenas de anos, a argila da serra destinada ao revestimento das casas de taipa erguidas por brancos e reinóis, tomados pela sua insopitável aspiração à segurança e debaixo da orientação dos jesuítas, que tudo sabiam das coisas da vida e da morte. Os índios, que habitavam às margens do Tamanduateí, rio, de pele transparente em proveito de fáceis pescarias assim como, nos primeiros quarenta anos deste século se prestaria aos mergulhos das molecadas da Mooca e do Cambuci, se chegavam tangidos pela curiosidade e repetiam, com estupefação, a palavra "mooca", que significa "faz casa".

Muito depois, esta palavra seria pronunciada com a inflexão de outros sentimentos por parte de quem, sendo mooquense, não apreciaria ser confundido com morador do Brás. Mas é no mínimo difícil provar que Mooca e Brás não formassem o mesmo bairro, assemelhando-se tão nitidamente às fisionomias dos seus habitantes, sendo iguais crenças e superstições, preocupações e anseios, regida por idênticos princípios a vida familiar, comum a origem e a condição social da larga maioria, e isso tudo ancorado ao longo de ruas que iam de um cabo a outro daquela região citadina sem solução de continuidade, amalgamando o conjunto, antes que as obras da Radial Leste e do metrô, nos anos 1970, cometessem a prepotência de separar tudo quanto se unira por cima de patéticos bairrismos. Antes ainda, porém, a Mooca já começara a definhar, não menos do que o Brás, ao transferir-se dali, para novas áreas urbanas, o ímpeto desenvolvimentista gerado pela indústria.

Eram periferia, e se tornaram apêndice do centro.

Levas de migrantes nordestinos invadiram Mooca e Brás, vítimas eles próprios da violência imposta a todos pelas opções dos donos do poder, enquanto muitos entre seus moradores se mudavam para outros bairros, mais condizentes com uma condição social superior à dos seus pais e avós, ou banidos pelas enchentes do Tamanduateí, obstruído pelos detritos do progresso desvairado e imprevidente.

Mesmo assim, o orgulho de se dizer da Mooca permanece até hoje, nos mais velhos ao menos, e até uma quase afirmação de independência por parte de quem nasceu na zona mais baixa, alastrada entre o rio e as porteiras da estrada de ferro (agora substituídas por um muro que corta ao meio o curso da rua da Mooca, batizado como "o muro da vergonha") em relação aos nascidos além dos trilhos. E vice-versa.

Queria, porém, e por enquanto, falar do curto tempo de glória dos cavalos da Mooca, sem excluir os muares, porque cumpriram honrosamente o seu papel e porque, de certa forma, estabelecem um elo entre significativas personagens desta história, como será provado. Por causa do Hipódromo, surgiu uma linha de bonde a tração animal, linha Centro-Mooca, e logo os quadrúpedes perderam a parada, obrigados à retirada pelo avanço de um ramal da São Paulo Railway, a se esticar por uma rua que, logicamente, haveria de chamar-se dos Trilhos. Houve a resistência de quem recitava: "Seguro morreu de velho, quem avisa amigo é:/ quem quiser dar bons passeios/ tem carrinhos sem receios/ bem baratos lá na Sé". Os cavalos tiveram sua revanche, por mais modesta que fosse, e prolongada tempo adentro, de maneira que o calabrês Cataldi ainda fazia ponto na praça da Sé às vésperas da Segunda Guerra Mundial, com graciosas carruagens que chamava de *carrozzelle* e que até hoje, em Roma e Nápoles, levam a passeio imensos turistas americanos de bermudas. O velho Cataldi era notável pela têmpera empreendedora e pelo fato de ser um dos raros mooquenses de origem calabresa, cercado de todos os lados por campanos da região napolitana, e espanhóis, e é notável nestas páginas porque pai de um certo Pascoal que se revelará importante.

Dos arredores de Nápoles vinha Pantaleone D'Angelo, carroceiro, mas este, haverá quem objete, morava no Cambuci, o que desqualificaria a citação do seu nome. Engano, pois D'Angelo teve o merecimento de contribuir, na justa medida, para pôr no mundo Fortunata, de quem se falará mais adiante. E de Fortunata foi pai severíssimo, a ponto de costumar postar-se diante da porta de casa, toda noite invariavelmente, na época em que a filha ganhou idade para atrair olhares masculinos, a fim de sustar-lhe, em tempo hábil, quaisquer tentativas de saída a namoro, ou simples aparições à janela, com pose de pense-em-mim. No ponto de vigilância, estrategicamente escolhido por Pantaleone, surgia um poste, no qual se encostava, em benefício de um mínimo de comodidade para tarefa tão árdua. E não haveria de minar-lhe a determinação a peça que lhe pregaram moços do bairro, ao passar piche no poste. A rapaziada do Cambuci tinha os seus lampejos de imaginação, mas Fortunata casou-se, aos 24 anos, com o único homem da sua vida, de sobrenome Gajanigo, indiscutivelmente napolitano, ilibada e tenra.

Pantaleone participava com ardor guerreiro das corridas de charrete que se promoviam, nas décadas de 1930 e 1940, sobre o leito da avenida do Estado, em domingos de sol, deslumbrando assistências quase tão numerosas quanto aquelas em que se mesclaria, nos anos 1950, na Sociedade Paulista de Trote, o já citado Angelo Iervolino.

Foram os últimos dias luminosos dos cavalos, na vertente da cidade aprofundada no sentido leste, e o mais resplandecente se deu por ocasião do confronto entre Future e Fleet, aquele considerado imbatível e de propriedade de um padeiro do Belém, de sobrenome Carrillo, enquanto Fleet era até então de fama escassa, conforme se comprova ao reparar que seu dono se inscreveu na história como um obscuro "camarada português". Em todo caso, recomenda-se que não se confunda o nome do *outsider* com a marca de um reputado inseticida, pois *fleet* significa frota de guerra na acepção imponente de esquadra inglesa. No mais, saiba-se que, naquela tarde, deuses gregos, ou ingleses, ou índios, pairavam na Sociedade, quando não o próprio saci, hipótese esta que o resultado da corrida parece avalizar. E então se observe que Future rompeu apressadamente, ou seja, galopou contra as regras e as conveniências, contradizendo toda a sua experiência de vitórias. O jóquei, espantado pela indisfarçável interferência do sobrenatural, puxou as rédeas do seu cavalo invicto, e Fleet, num relâmpago, livrou vinte metros e não cedeu mais a vantagem. Angelo, em compensação, segura até hoje a sua amargura.

Não sou insensível aos sentimentos de Angelo, e não se entenda que isso se deva à envergadura dos seus ombros e à circunferência dos seus pulsos, mas à certeza de que o volumoso vendedor de aço dos dias atuais ainda é, ao mesmo tempo, o menino que acompanhava a Faísca. E ele se junta a Alfredo Di Cunto, Pascoal Cataldi e Fortunata D'Angelo Gajanigo, à sombra da igreja de San Gennaro, lá onde os mooquenses se reúnem em festa, no mês de setembro, para que alguma coisa do espírito da velha Mooca sobreviva. Para o brilho da festa, esses quatro são indispensáveis.

Pele luminosa aos 60 anos, cabelos de um branco imaculado, Fortunata põe pimentão no molho à bolonhesa, o que, talvez, não configure opção muito ortodoxa. Mas todos temos direito aos nossos momentos de falta de conformismo, e de lhe escolher o como e o quando. Não foi assim, diga-se, no dia em que Fortunata viu no jornal o anúncio de um filme que há tempo esperava, *A dama das camélias*, e, atendida a recomendação da filha, "leva lenço", partiu na direção da matinê de um cine periférico. Tratava-se, porém, de uma pornochanchada, versão perversa e desbragada da célebre tragédia de amor, pelo qual o pai, guardião da moral do filho, de súbito revelaria a sua própria devassidão, em meio a um pessoal que tiraria a roupa na Antártida. E assim foi que Fortunata mal entrou no cinema e já saía, de fino e sem olhar para trás. Mas não é que se envergonhe do involuntário passo em falso, pois é munida desse senso de humor que frequentemente a boa saúde propicia, e sabe rir de si mesma, e na vida tende a procurar o lado engraçado, como ocorreu no remoto dia em que foi assistir à Dercy Gonçalves interpretando consistente papel na peça *La mamma*. Naquela ocasião, não levou lenço.

Ânimo não falta a Fortunata para frequentar o Baile da Saudade, que, segundo a tradição, se realiza no maior salão de festas da América Latina, no clube Juventus, originário de um terreno doado por Rodolfo Crespi e hoje dotado de 140 mil sócios, dos quais 100 mil foram angariados pelo presidente

José Ferreira do Prado, conhecido afetuosamente como o Zé da Farmácia. O bairro deve-lhe também grandes obras na sede social, situada no Parque da Mooca, pouco além do local em que se abria o olho translúcido da lagoa do Tchibum, agora lembrança apenas de quem mergulhou nela, há quarenta ou mais anos, propagando o som que lhe valeu o nome.

O Baile da Saudade é evento da noite de 24 de janeiro, véspera do aniversário de São Paulo, e o animam orquestras dadas a um bolero e a um *fox*, e cantores entrados em anos, sendo que em 1982 compareceu Francisco Petrônio, mas não estava em um dos seus momentos mais felizes. Ocorre que os saudosistas são exigentes, especialmente aqueles que ouviram, ao vivo, ou, ao menos, em disco, o Tak Gianni, cantor italiano credenciado a transformar a Mooca e o Brás no palco dos seus maiores triunfos, mais ou menos como aconteceu com Pintacuta no autódromo de Interlagos. Entre as duas guerras, artistas de ópera, opereta e *musica leggera*, isto é, cançonetistas, aqui faziam temporadas para o deslumbramento dos *oriundi*, e o delírio os aguardava no Teatro Colombo, etapa inevitável e tão consagradora quanto o Municipal e o Santana, num tempo em que, depois do espetáculo, notívagos mooquenses esticavam até a cantina Macchiaroli, no Largo da Concórdia, para cear *fusilli* e brachola entre sopranos e tenores.

O Tak Gianni, ah, o Tak virou lenda, e de todas as suas interpretações aquela que arrancou mais lágrimas foi *Lo Zappatore*, contando a história de um jovem que se forma em medicina pelo esforço do pai, camponês, homem da enxada, em italiano *zappa*. Estudante da cidade grande, o moço se esquece da sua origem, e amigos de casaca e amigas envoltas em seda celebram-lhe a formatura em um clube tão elegante, digamos, quanto o Juventus do Zé da Farmácia. E eis que chega, empurrado pelo destino, segundo creio, o velho *zappatore*, que sonhara com o filho glorificado pela ciência; e esta, como se sabe, não se compraz na companhia de damas frívolas. Mas o jovem finge não reconhecer o pai campônio, oh, ingratidão sem limites, e o velho parte para a invectiva, soberbamente digno entre "*ommene schicche e femmene pittate*", para declarar-se "*faticatore che mangia pane e pane*", mourejador que come pão com pão, e afirmar a moral: "*lo zappatore nun se scorda e' nisciuno, son sempre tuo papá*", o camponês não se esquece de ninguém, sempre sou teu pai.

Para contrabalançar o exemplo desse filho insensível, Tak mantinha engatilhada outra canção, em que um recém-formado em medicina cuidava do pai doente, em vão é claro, pois o mal era incurável, mas com efeitos apaziguadores para quem acabara de ouvir a música anterior, ao demonstrar que o sacrifício de um velho às vezes fica recompensado. Sempre que ouve os discos de Tak, guardados entre mil de músicas napolitanas, Angelo Iervolino ferve de soturna emoção, e veementes ventanias o percorrem por dentro e inflam seu peito, de maneiras a fortalecer a sensação de que, caso o filho ingrato surgisse nas suas cercanias, não deixaria de experimentar o peso do seu braço. E é possível que Angelo só desistisse do seu impulso vingador se confrontado, subitamente, com a macarronada de Fortunata, em cujo molho, de certo, não lamentaria a presença do pimentão.

O pimentão aconchega-se muito à vontade entre cebola, alho, salsão e carne moída, e com eles estabelece uma perfumada sociedade, finalmente capacitada a conferir sabor à comunhão com o tomate, graças também à excitante cumplicidade do orégão e da pimenta calabresa, outrossim conhecida pela alcunha dialetal de *peppone*. Em setembro de 1981, Fortunata, tida e havida como cozinheira inexcedível no vasto território que se alastra do Parque da Mooca ao Cambuci, cobriu de molho à bolonhesa uma tonelada e meia de macarrão na Festa de San Gennaro. Mas com isso, entenda-se, não se esgota a comilança, que se prolonga por três fins de semana e cujo eixo é o dia do santo, padroeiro de Nápoles, dia 19 de setembro. Fortunata é uma das três cozinheiras da calorosa tertúlia, organizada na antiga rua Nichteroy, hoje San Gennaro, nos fundos da igreja, e

Fortunata Gajanigo: à bolonhesa leva pimentão, sim senhor.

em cujo cardápio também figuram pizzas e sápidos antepastos de pimentões, erva-doce e berinjelas que muitos chamam de *molignane*, conforme manda o dialeto de seus pais e avós, e *tarantella*, fogos de artifício e muito vinho tinto.

A festa nasceu com a igreja que se plantou entre a rua da Mooca e a Nichteroy no começo do século XX, consagrada ao mártir Gennaro, para atender à fé dos napolitanos que no bairro eram maioria. Fazia-se com procissão e quermesse. E fogos, que jamais podem faltar, e exigem arte de quem os fabrica e de quem os solta, sendo que nesta Angelo Iervolino é mestre consumado, fato muito natural pois era seu pai mestre naquela. E registre-se que aos nove anos, Angelo agrediu o céu com dois rojões de vara, os primeiros que soltou na vida, a lhe exigir um modelo de coragem somente conferido pelo tirocínio aplicado. Soltar rojão não é operação de pouca monta. É preciso acender o pavio sem riscos de explosão prematura, e segurar a vara pelo tempo exato, para que o rojão não sofra desvios em sua trajetória, como acontecia com os foguetes da Nasa nos tempos do Sputnik.

Já não se fazem fogos para acrescentar estrelas às noites das procissões, mas estas ainda se movem da igreja de San Gennaro, na Sexta-feira da Paixão e no dia do padroeiro, e caminham pela rua da Mooca enquanto velhos de gorros de lã surgem nas janelas e jovens acorrem à porta dos bares, empunhando tacos de bilhar. Contra a luz fulva que palpita dentro das casas, os vultos desenhados na moldura das janelas compõem, na perspectiva da rua, uma galeria de retratos, e é difícil furtar-se à impressão de que estão ali desde sempre, na expectativa da procissão. Anos e anos mooquenses, de improviso, se coagulam num único momento, ao som dos passos arrastados que seguem o andor do santo, ou o ataúde do Cristo morto.

Na Sexta-feira, a Verônica, embrulhada em roupas de gaze preta, canta a sua dor em latim, embora o frio costume conspirar contra sua voz de soprano, até reduzi-la a um fio trêmulo quando alcança a escadaria do conjunto da Guarantã, que as figuras da Via Sacra galgam na certeza de estar evocando a Palestina dos Evangelhos num cenário de concreto e vidro. A encenação engloba os zeladores dos prédios, envaidecidos com a oportunidade, e a cantoria definhante ganha uma sobra de fôlego para elevar-se sobre a pedra gelada que forra o espaço escancarado entre os edifícios, túmulo da Rodovalho e de histórias de cavalos branco e negros, como no xadrez.

Fogos não faltam, porém, na Festa de San Gennaro, remodelada desde 1974, quando padre Esvigio, o pároco, cogitou promover um evento de porte maior, possivelmente pelo acréscimo ao programa habitual da venda de rifas, para angariar fundos destinados à conclusão das obras da igreja, iniciadas em fevereiro de 1914 e ainda não concluídas sessenta anos depois. Em 1914, Esvigio Concilio tinha seis anos e morava no Bexiga, filho de pais napolitanos, razão pela qual, ao chegar à Mooca, na década de 1940, se sentiu em casa. Esta coisa de ser napolitano precisa ser explicada. Na Mooca baixa, que se espraia até pouco acima do número mil da rua da Mooca, principal artéria do bairro e também sua espinha dorsal, napolitanos são todos aqueles que se originam da Campania, região da Itália meridional cuja cidade mais importante é Nápoles, e distinta, por tradições, hábitos e dialeto, da Calábria, da Basilicata, das Apúlias, da Sicília, regiões da península que forneceram grandes levas de imigrantes, e distinta mais ainda da Toscana, do Vêneto, da Emília, de onde outros saíram para reconstruir a vida a 10 mil quilômetros da terra natal.

Já no início do século, havia 800 mil italianos no Brasil, e na Mooca eram sobretudo campanos, enquanto a maioria no Bexiga era calabresa, e no Brás se dava muita mistura, sendo que os *pugliesi*, originários em boa parte de San Polignano al Mare e chamados mais comumente de bareses, se concentravam nas proximidades do Mercado Municipal. E ali vendiam peixe, com suas poderosas vozes ecoando nas primeiras horas da madrugada nos leilões do pescado que se faziam à porta do mercado. Então, logo além do Tamanduateí, o solo dividido em lotes mínimos, começava a ser ocupado por fileiras de casinholas agarradas umas às outras, e fábricas e chaminés de tijolos aparentes, conforme o estilo inglês, enquanto o Alto da Mooca ainda oferecia um panorama de chácaras esparsas.

Os pais de Esvigio Concilio vinham de San Cipriano, aldeia próxima de Salerno, cidade campana situada a 80 quilômetros de Nápoles e enobrecida por catedral antiga que guarda no ventre uma joia de escultura, púlpito soberbo. Entre a igreja de San Gennaro e a Sé de Salerno há uma certa diferença, mas padre Esvigio jamais visitou a terra dos seus pais e, por isso, o seu limite artístico tem de ser o mastodonte gótico que se ergueu na nossa praça da Sé, sem desapreço pelas igrejas que os *capomastri* levantaram em vários pontos da Itália paulistana. E os *capomastri* eram mestres de obras, ou nada mais que pedreiros, e conectavam a fantasia e a memória das igrejas das suas aldeias à ponta de um guarda-chuva, com o qual riscavam o chão, traçando ao vivo e na medida exata e total a planta da construção que se preparavam a erigir. O resto estava nas suas cabeças, e dava-se que já intuíssem, antes mesmo que se fincasse no espaço dos ventos, um templo ou um sobrado, mais ou menos como Michelangelo pressentia figuras dentro dos blocos de mármore de Carrara.

Assim se fizeram muitas igrejas, entre elas a Nossa Senhora Achiropita da Bela Vista, a Nossa Senhora de Casaluce no Brás, San Vito Martire e San Gennaro. Algumas mais ricas, ornamentadas com festões moldados em gesso, outras nem tanto, ou francamente pobres, como San Gennaro, que foi pouco mais que um barracão por muito tempo. As paredes não tinham revestimento e o telhado lacrimejava a sua precariedade em todo canto, e não bastou, para compensar o acanhamento de tudo o mais, o esplendor de um altar, destinado a uma das capelas, e enfim mor, à vista da sua grandiosidade, doado pela condessa Marina Crespi. Pascoal Cataldi, hoje aos 63 anos, lembra-se do dia em que o altar chegou, importado da Itália, desmontado e acondicionado em caixotes enormes. Pascoal era menino, e recorda momentos de notável alvoroço e até de espanto, ao redor dos caixotes que se abriam para revelar a magnificência dos mármores.

Em 1974, no entanto, pouco se avançara para tornar a igreja digna daquele altar, e padre Esvigio remoía uma insuportável melancolia. E então apareceram, para lhe dar luzes, os irmãos Iervolino, Alfonso Júnior e Angelo, e Gilberto Evangelista, homens práticos, católicos fervorosos e mooquenses ferrenhos. E se chegaram as três figuras corpulentas e piedosas, e Alfonso, que era o líder, disse com seu sotaque cantado em que vibram as reminiscências das inflexões do dialeto napolitano: "Padre Esvigio, o senhor vai disculpá, mas rifa não dá pé, precisamo inventa outra coisa, grande, bonita, ótima mesmo". E foi aí que surgiu a ideia da festa, "*se non mi sbaglio*, parecida com aquela que se realiza em Nápoles no dia de San Gennaro", e essa expressão, *se non mi sbaglio*, quer dizer se não me engano, e muitos mooquenses a usam, bem como outra, *se Dio vuole*, se Deus quiser, que está sempre na boca de Angelo. E Deus quis, esta será sempre a versão dos irmãos Iervolino, e de Gilberto Evangelista, que desde então se revesaram na coordenação do evento, enquanto Pascoal Cataldi permanece no posto de tesoureiro, miudinho e aprumado, engolido pela sombra dos seus troncudos amigos.

Para Angelo, não há dúvidas de que o pai da "ideia feliz" foi mesmo Alfonso, que por isso recebeu comenda da Câmara Municipal e a medalha Anchieta, ao passo que a festa era premiada com três estrelas no Calendário da Embratur, oba-oba, como grande atração paulistana no mês de setembro. Atração certamente: por volta de 100 mil pessoas em 1981 sentaram-se às mesas armadas ao ar livre, na rua San Gennaro, e gastaram, segundo anota Cataldi, 3,2 milhões em comida e 976 mil cruzeiros em rifas. Na venda de espaço para estandes de firmas que fazem ali a sua propaganda, e em outros patrocínios, arrecadaram-se mais 11 milhões. Gastaram-se na organização da festa pouco mais que 6 milhões, e façam as contas para chegar a um lucro de mais ou menos 9 milhões, enquanto sete anos antes não fora além de 73 mil cruzeiros. Com isso, as paredes da igreja foram revestidas, o telhado substituído, a instalação elétrica renovada, um bom dinheiro investido em obras assistenciais, e padre Esvigio pode pensar agora em outras reformas.

Bem que sorriem os inventores da festa ao recordar 1974, quando, assustados com sua própria audácia, foram pedir ajuda a Giovanni Bruno, e o Giová empinou-se dentro do seu terno de tropical inglês e disse "*lasciate fare a me*", deixem comigo, na sua senhorial generosidade, e atilado na percepção dos tormentos que haviam empurrado até a sua presença aqueles apressados visitantes. E isto é coisa do Giová, em cujos cardápios, por trás do nome dos pratos, está escrito, eu creio, o destino de cada um dos seus fregueses. Giovanni Bruno, nascido em Casalbuono, vilarejo campano de onde a mãe lhe remete periodicamente salames picantes e cartas embebidas de lágrimas, é uma espécie de símbolo vivo e permanente do napolitano imigrante, e os mooquenses de hoje olham para ele como se estivessem vendo o passado. Giová veio com dezesseis anos, depois da Segunda Guerra Mundial, lavou pratos e descascou batatas, foi *comin* e garçom, mas desde 1968 é dono da sua cantina; fez a América, como diriam os seus conterrâneos imigrantes de sessenta ou mais anos atrás, e como, decerto, se afirma agora em Casalbuono. E, para a festa de San Gennaro, em 1974, ele preparou valentes travessas de *penne alla napoletana*, espécie de *rigatoni* sem ranhuras, naufragadas em molho de tomates e vigorosamente perfumadas de alho, e sobretudo muito propícias à evocação dos tempos idos.

Fortunata ainda não entrara em ação, com o seu molho à bolonhesa que já triunfaria no ano seguinte, mas compareciam as *sfogliatelle* e as *zeppole* dos Di Cunto, de massa folheada e crocante as primeiras, macias como sonhos as segundas, e umas e outras recheadas de um mavioso creme que acaricia o paladar e abraça o estômago. Faltam informações precisas sobre a quantidade de *sfogliatelle* e *zeppole* consumidas em 1974, mas sabe-se que em 1981 foram 20 mil e 10 mil, respectivamente, para agrado e empanzinamento geral.

Um documento de 1898 assinala a existência do distrito da Mooca, enquanto outro, anterior de dois anos, ao falar da mesma zona se refere a uma Vila Figueiredo, freguesia do Brás. A data em que o bairro foi reconhecido como tal não se conhece com precisão. Em todo caso, o escasso tempo que nos separa dessa origem vaga se explica pela vertiginosa expansão de São Paulo, determinada pela industrialização e pela imigração. Em 1872, antes que se formassem as companhias de imigração, a cidade tinha 23 mil habitantes. Por volta de 1920, atingia a 580 mil, dos quais dois terços eram estrangeiros, ou paulistanos de primeira geração. Há pouco mais de cem anos, no entanto, quem saísse da Freguesia Eclesiástica da Sé e seguisse pelas ruas do Carmo e Tabatinguera, desceria até uma ponte de madeira jogada sobre o dorso cintilante do Tamanduateí e dali poderia avançar por um caminho outrora percorrido por índios e bandeirantes, cortando uma área praticamente desabitada. O fato de que aquela vereda se desenrolasse por uma região posteriormente mooquense foi tomado por moradores do bairro como sintomático de uma predestinação importante e ainda lhes ceva o orgulho.

Na segunda metade do século XIX, na várzea espreguiçavam-se chácaras, uma delas moradia do regente Feijó, Cincinato paulista em busca de repouso, mais tarde loteadas e substituídas por um panorama urbano muito modesto, como as ambições de quem se instalava no bairro nascente. Então veio ao mundo Salvador Sprovieri e ao vê-lo, hoje, nos seus 76 anos eretos, de terno cinza impecavelmente cortado, camisa de cambraia e gravata azul, e suspensórios idem, que chama de tirantes, qualquer um se convence de que o mundo só ganhou com sua presença. De elegância Salvador entende, sendo filho de alfaiate napolitano, homem belo e esguio como um Valentino, e assassinado por um primo, em 1915, no trágico desfecho de um caso de mulher.

Salvador Sprovieri, em sua irretocável elegância, pelas ruas da infância, outrora arrepiadas pelo garbo de seu pai.

Tinha pouco mais de trinta anos e sua cabeleira negra, faiscante de brilhantina, não se desmanchou quando caiu morto sobre a calçada. Possuía mão firme no manejo das tesouras e suavíssima na carícia de peles femininas, e por causa desta segunda qualidade, unida à figura atraente e à fala langorosa, recomendava-se aos favores das primadonas das companhias de opereta que vinham da Itália para exibir-se nos cines-teatros Bijoux, um na Rangel Pestana e outro no Glicério. Sua última e fatal paixão chamava-se Elvira Benvenuti, cuja pele tinha textura de rosa nova, e de quem se enamorou também seu primo, surgindo daí a disputa que o abateria, deixando corações suspirosos em todo canto. Elvira ficou no Brasil e morreu faz pouco tempo, rosa murcha, num asilo para velhos atores; e Salvador, ao receber a notícia do passamento, mastigou melancolia, logo desfeita, porém, por outro gênero de mastigação.

Recuperou-se na lida com a pizza da cantina, na companhia dos velhos amigos. A rapaziada de outrora foi dizimada pelo tempo, mas ainda sobram uns tantos para repetir os papos de sempre, entre goles de vinho ou cerveja, e o pai de Salvador sobreviverá enquanto houver audiência para o filho bem falante. As cantinas, contudo, também não são mais as mesmas. As da Mooca, diga-se, nunca foram muito concorridas, que os mooquenses preferiam as do Brás, onde a cozinha dos imigrantes foi conservada com todo o seu poder de aturdir paladares e lotar estômagos, sem perder-se nos meios-tons do requinte. O pessoal, também, nunca foi de cultivar a linha, soando nos ouvidos a advertência de mães opulentas, determinadas na vingança de séculos de fome: "*Mangia che te fa bene*". A fome ancestral é herança forte, quem a conhece pela reminiscência das gerações mais próximas, sempre que se aproxima de mesa farta parece fugitivo da carestia.

Nem todas as mesas eram fartas, e é mesmo provável que muito poucas o fossem, mas pão e macarrão e *molignane* curtidas em vinagre enganam bem, primeiro os olhos e depois o resto. Cantina celebrada era a Macchiaroli, com o refinamento da simplicidade de poucos e vigorosos pratos de feitura brilhante, fechada depois da morte de Dom Vito, último representante da família disposto a resistir com ela. Em 1975, Dom Vito, 87 anos, sentado atrás da caixa registradora 51 completos, dizia: "Só no ano de setenta, morreram quarenta amigos *mios*. Eram a rapaziada".

Aludia à rapaziada do Brás, bando alegre do qual faziam parte muitos mooquenses, e que se entretinha, noite adentro, em serenatas e jogos de *morra* e *patron e sotto*. Eram os *vitelloni* deste lado do Atlântico, mas não acharam o seu Fellini.

Joga-se a *morra* com mão e cordas vocais, e a graça parece estar sobretudo na gritaria. Os homens ficam de mãos fechadas, e cada um diz um número, como no palitinho se arrisca o número dos palitos que irão aparecer nas mãos finalmente abertas. Mas este, em comparação, é jogo de diplomata inglês. Na *morra*, os jogadores dão seu palpite ao mesmo tempo, e aos berros, como se houvesse alguém capaz de duvidar do que afirmam, enquanto atiram as mãos sobre a mesa, e abrem um certo número de dedos e se entreolham entre a interrogação e o desafio. Ganha quem acerta o total dos dedos esticados uns contra os outros, aparentemente na iminência de engalfinhar-se. O *patron e sotto* dispensa os gritos, audíveis nas alturas do Triângulo, mas é de tensão e violência bem maiores, porque mais sutis. Os homens formam roda, encomendam vinho, ou cerveja, e sorteiam o *patron* e o *sotto*. Este pergunta: "Será que vamos dar de beber a *mastro* Franceschiello?". O *patron* responde: "Só se for gasolina". Então todos esvaziam os copos, menos aquele Francisco que ficou de bobo e tem de pagar a rodada. Novo sorteio e o jogo continua. Bem jogado, com malícia perversa, e sendo Franceschiello alguém que o grupo pretende humilhar, por obra de rancores antigos, ou ocasionais, sugeridos pelos humores do dia, ele ficará sem beber a noite inteira e sairá dali de bolso vazio.

Disputavam-se esses jogos, e os de baralho, *scopa*, *tresette* e *bricola*, no espaço dos bares, e entre estas liças, muito prezado era o botequim de Rafael Nastacio, que tinha fama de anarquista dos bravos. Por volta da meia-noite, ele caminhava em silêncio solene até os fundos do seu estabelecimento, repuxando alguns jogadores no vácuo deixado pelos seus 140 quilos, e todos sabiam que, lá atrás, o assunto passaria a ser a política. Um dia, Salvador Sprovieri levou Rafael até o Brás, de carro. Tiveram de parar em uma oficina mecânica, para retirar o banco traseiro a maçarico, caso contrário Rafael não emergiria mais à luz do dia, como anta entalada em alçapão para coatis. O carro era bom, muito bom, era um Fiat de antes da guerra, e na época Sprovieri estava mais interessado em carros do que em política, e nem por isso o velho anarquista lhe negava amizade.

A tolerância, em primeiro lugar, regia a vida na Mooca e no Brás e, de noite, homens de camiseta levavam cadeiras para as calçadas e trocavam palavras entre uma porta e outra; e já havia ali, tomando ar fresco, ex-alunos de Pasquale Pastocchi, dono de escolinha situada na Carneiro Leão. Toda manhã, Pasquale se plantava na calçada e ao chegar um aluno, perguntava: "*Hai portato u' tostone?*". Só entrava quem depositasse na mão do mestre a moeda devida, a mão direita, esclareça-se, enquanto a esquerda empunhava uma vareta, seguro aval de disciplina na sala de aulas. Depois, inaugurou-se a "escola do poeta" e foi um alívio. Esta chamava-se Torquato Tasso, épico quinhentista, de quem havia retratos até no banheiro, mas poeta, talvez mais dado à lírica, era também seu dono, de sobrenome Curcio, praticante do latim e do português mais puro, o que levava seus contemporâneos a lhe atribuírem um traço de loucura. Mansa, porém, que jamais se viu pessoa mais doce em toda a extensão da rua Visconde de Parnaíba, em que a Torquato Tasso ficava. E um dia, enquanto Curcio se esmerava no seu elegante linguajar, um aluno riu, ao que perguntou o mestre "Que tendes vós de rir?", provocando, na hora, a gargalhada da turma toda, e, anos a fio, do Brás e da Mooca em peso.

Pelas ruas, o vendedor de melancias convocava os fregueses: "*Iammo, iammo, mo' s'appiccica a' carrozza*", quer dizer, "venham logo, senão os frutos, de tão maduros, grudam na carrocinha". E o tripeiro anunciava *trippa cotta*, dobradinha cozida, e, em proveito da rima, lhe comparava a maciez à *ricotta*.

Quando passou o tempo de escola, a rapaziada deu para fazer *footing*, nas noites de sábado e domingo, entre a rua João Antônio de Oliveira e a avenida Paes de Barros, ou para jogar futebol na várzea, possivelmente no time de Salvador Sprovieri, que o chamara pelo nome de uma dança da moda, *black botton*, com isso ganhando muito em reputação. Na disputa do campeonato paulista, a Mooca já entrava com o Juventus, mas o pessoal era de paixão palestrina, que permaneceu intocada até os dias de hoje. Poderosos quadros varzeanos eram o Mem de Sá e o Meu Clube, enfim fundidos no Mooca Atlético Clube, o Xingu, em que militavam os irmãos Iervolino, e o Madri, com sede social instalada no próprio bar Madri, na esquina da rua Xingu, mais tarde Dom Bosco com Ana Neri. Dali saíam para os embates domingueiros os seus craques do primeiro e do segundo time, vestindo seus esplendorosos uniformes, tingidos com as cores da Espanha, roxo, amarelo e vermelho. Partiam a pé, no rumo do seu campo de terra vermelha a esperá-los nas cercanias do Balão de Gás, à margem da avenida do Estado, e o povo surgia emocionado nas calçadas, e os moleques corriam atrás daquele majestoso desfile com as camisas cheias de vento. Durante a guerra, o Madri mudaria de nome, viraria Tigre Varzeano, e nas suas fileiras militaria um mito, Mario Pescoço Torto, gênio da cabeçada para contrariar a natureza que lhe colocara a cabeça sobre os ombros de forma, digamos assim, irregular, como se Mario estivesse constantemente interessado na conversa de quem se postasse à sua esquerda.

O bar Madri e seu fogoso time tinham razão de ser, já que a rua Dom Bosco era terreno dividido entre espanhóis e italianos, sem contar que desaguava bem defronte à Vila da Merda, cortiço de cem ou mais moradias, na Ana Neri, quase todo habitado por espanhóis, lá pelas tantas empenhados em mudar-lhe o nome para Vila das Flores. Em vão. No último

A sede social do poderoso Madri.

trecho da Dom Bosco, entre rua Lins e a Ana Neri, a repartição do espaço era perfeita: os espanhóis moravam de um lado, com a única infiltração dos Tottaro, donos de vendas de bilhetes da loteria, e do carroceiro Muschitiello, e os italianos do outro. Estes levavam vantagem na língua, talvez porque possuíssem vozes mais volumosas, e o dialeto napolitano era o verbo oficial. Os espanhóis, porém, restabeleciam o equilíbrio por obra do Madri, reconhecido como time de toda a rua, e da Zambomba, espécie de folia de reis organizada por um certo Campana ao som de pandeiros ciganos e barricas forradas de couro, cuícas gigantes de ronco grosso. A Zambomba, em ocasiões aprazadas, vinha cantando "*abre la puerta, abre la puerta, que ya quiero entrar*", e todas as portas se abriam, espanholas ou italianas tanto faz, e a cantoria invadia as casas e só se calava para que o pessoal tomasse vinho.

A Dom Bosco era uma aldeia encravada dentro da Mooca, nem mais nem menos que outras ruas, cada uma com vida própria e seus tipos característicos, como a Mariuccia Loca, que andava em andrajos e pedia às mulheres que faziam bordados para as lojas da rua Oriente: "*Nanní, me dá una striscia?*". Queria dizer, uma tira de pano, e, sendo fita colorida, melhor ainda, e a mim me encanta que chamasse as bordadeiras pelo mesmo nome como se todas fossem Giovanna, ou Giannina, cujo diminuitivo há de ser, justamente, Nanní. Já na década de 1940, Mariuccia esticava até a esquina da Barão de Jaguara com rua da Mooca, onde a Destilaria Bandieri colocara um balcão para servir a sua última invenção, a Passarella, mistura de pinga com uva passa, e copos de groselha, a inolvidável groselha Bandieri. O que movia Mariuccia era a esperança de ganhar um copo cheio, e tendo a crer que, sem subestimar a qualidade do refresco, ela tivesse maior consideração por um aperitivo que inebriou toda uma época.

Um dia, um japonezinho apareceu na rua Dom Bosco. Acabava de mudar-se para a Ana Neri e seus pais eram fabricantes de bonequinhos de olhos puxados, destinados a habitar as cristaleiras da sala de jantar, entre miniaturas da Cinzano e flores de plástico. Foi um dia de indescritível surpresa, mas logo o japonezinho entraria nas peladas da rua, sem que os seus novos amigos se dessem conta de que a Mooca já não era mais aquela.

Francisco da Silva desceu do Alto da Mooca e se casou com Vicentina Cardenuto na Mooca de baixo, e ali ficou. O pai de Francisco era tratador do Jóquei e o filho montou cavalos na mocidade e por pouco não fez disso profissão, pois tinha olhos, mãos e peso certo para tanto. Tomou, porém, outro caminho, foi cobrador de ônibus e depois motorista da CMTC, e como motorista se passou para a Companhia de Gás, que o empregou até a aposentadoria. Vicentina era operária, de têmpera forte e humor alegre, e o casal era bom de tango e outras danças, inclusive em concursos dos quais jamais saía sem o primeiro prêmio. Mas eu queria falar de um dos seus filhos, Walter, nascido em 1933, mooquense total.

Walter virou jornalista famoso, homem de rádio, TV e jornal, e como tal aparece sempre nas conversas dos mooquenses anônimos, exibido como prova de que nascidos no bairro podem subir na vida. De minha parte, cito-o porque Walter viveu a Mooca em todos os cantos por mais de vinte anos, de sorte que hoje, entre o fígado e a alma, o agulha a incerteza quanto ao lugar do bairro do qual valha a recordação mais carinhosa. E tomem essa indecisão com respeito, pois o homem dividido por dentro sempre sofre. E uma coisa é certa: Walter jamais enxergará vantagem em ser desta ou daquela parte da Mooca, ele é de todas.

Agora, leve-se em conta que convivem nele o português e o italiano, o Silva e o Cardenuto. Mãe é mãe, está certo, mas avó é avó, especialmente quando se trata da indomável Mariana, mãe de Francisco, envolta nos seus xales negros. Walter morava com os pais na rua Dom Bosco e foi à porta da padaria do velho Alfonso Iervolino, logo ali na Barão de Jaguara, que experimentou, menino, o seu primeiro impulso de rebeldia contra a autoridade. Tempo de guerra, acordava às duas da manhã, para entrar na fila do pão, que se comprava com cartões de racionamento. Cavalarianos patrulhavam soturnamente as ruas e nelas só se ouviam o passo dos bichos e ralos sussurros. E, de repente, da calçada úmida de orvalho, levantam-se as lamentações de uma mulher cansada de esperar. Empinado sobre os estribos, um cavalariano avança, desembainha a espada e bate de chapa sobre os ombros da queixosa. O menino Walter atira-se na direção do soldado, agarra-o pela bota, arrasta-o no chão, pisa-lhe o rosto até arrancar sangue, tomado de uma força furibunda que não suspeitava em si próprio, enquanto o cavalo se contorce em busca de equilíbrio e finalmente desaba junto ao meio-fio, em queda lenta que lhe põe a crina a ondular graciosamente. A fila se desmancha, cria-se uma grande confusão, e Walter foge para a casa da avó, no Alto da Mooca.

Com Mariana viveu muitos anos, mudando de casa várias vezes, sempre em boa paz com o segundo marido da velha, seu Américo, de profissão motorista. Américo apresentava a seu favor a condição de ex-craque da várzea, dono de um chute explosivo que excitara a rivalidade entre os times da União Vasco da Gama, camisa verde de gola vermelha, e da Associação Portuguesa da Mooca, camisa de listras verdes e vermelhas, unidos nas cores, como se vê, e desunidos em tudo o mais. Seus campos ficavam lado a lado, no lugar que viria a ser ocupado pelo primeiro conjunto residencial do Iapi, separados por um valo d'água, e nas tardes de domingo, se o Vasco, digamos, estivesse perdendo o seu jogo contra um visitante qualquer, a torcida da Portuguesa transpunha o valo para assistir de perto a humilhação dos rivais íntimos. Mas seu Américo, aposentada a bola, aprimorara outros méritos. Durante a guerra ouvia as emissoras do exterior e a quem quisesse explicava o que de fato acontecia em remotos campos de batalha. De fé anarquista, garantia: "O comunismo ainda chega, mas depois vem coisa melhor".

Na Mooca baixa, o menino Walter farejava acomodação, nutrida pelo conformismo dos remediados, já burguesotes sem o saberem, e pelo aturdimento dos miseráveis. Nas alturas do bairro, pelo contrário, percebia ainda a sobra da antiga rebeldia que animara as greves de outros tempos e, na casa da avó, ouvia conversas que o punham a sonhar.

Dentro das fronteiras daquele pedaço de Mooca, Mariana e Américo eram nômades, e a certa altura o velho se tornou zelador de uma fábrica de lã. Nos fins de semana, Walter circulava solitário entre fileiras de varais em que se penduravam as lãs recém-tingidas, expostas ao sol e inquietas ao vento, como a vegetação de um jardim fabuloso. Antes, tinham morado na rua Marquês de Valença, compartilhada por portugas e hungareses, também chamados de bichos-d'água, por causa de cabelos e olhos claros, e da pele lavada, gente da Europa Central, e mais do que húngaros, havia lituanos, estonianos e russos brancos. Na Mooca baixa falava-se deles com acidez, quem sabe porque competiam com os italianos pelos empregos de várias fábricas e, principalmente, da Antarctica, onde enfrentavam de camiseta e calção a Sibéria das geleiras. Diga-se que, a despeito dessa invejável resistência ao frio, acabaram perdendo a parada para os napolitanos na briga pelos postos melhores. Walter, em todo caso, não conseguia descobrir-lhes a propalada maldade, a não ser que se tomasse como tal a preferência pelo conúbio de pinga com pão, por eles fartamente demonstrada nas mais diversas oportunidades.

Eram de poucas palavras, isso eles eram, e às vezes riam sem razões aparentes com a expressão de crianças tímidas cheias de ingênuos segredos, que não combinava com seus tamanhos alentados. Nos fundos da venda de um certo Bijunas esticava-se um vasto quintal, e ali se reuniam, com roupas de festa, e se entregavam a um ritual, que se dava da maneira seguinte. Cavavam um grande buraco, dele extraíam um barril e enterravam outro, e o barril continha legumes naufragados em vinagre, que comiam em parte ali, entre danças e canções de letra impenetrável. Formavam outra aldeia, bem diferente da rua Dom Bosco, mas contavam com a sua versão da Mariuccia

Loca, do sexo masculino e de nome Nicolai. De gravata e terno ensebado de dar inveja ao Jânio Quadros dos fins da década de 1940, Nicolai andava pelo meio das ruas, brandindo um cassetete e mordendo um apito, pelo que se dizia guarda de trânsito sem que ninguém o contestasse. Na rua da Mooca, lá pelas alturas do número mil, transitou certa vez um carro desconhecido no bairro, o que explica porque não se deteve ao sinal de Nicolai. Passou-lhe rente ao corpo e o derrubou em uma nuvem de poeira. Atrás do automóvel, que se afastava indiferente, Nicolai gritava, entre apitos furibundos: "Nicolai guarda, Nicolai guarda...".

Walter escreveu contos sobre essas personagens que carrega consigo, e talvez acabe publicando-os. Se for assim renascerá, multiplicada, a fama de outro astro do futebol varzeano, o Mário da Associação Portuguesa, que foi atacado em meio a um jogo por uma crise de intestino solto e ainda assim permaneceu em campo, como soldado alvejado que resiste, embora se esvaia em sangue. E essa glória bem que poderia ter o fundo musical da *jazz band* da Portuguesa, que também era Recreativa, bumbo na frente, estilo New Orleans, contudo disposto a um carnaval no tempo certo, quase tão concorrido quanto aquele que incendiava o Teatro Colombo, com rei Momo e tudo. Foi pouco depois de tais eventos que Walter, com sua voz baritonal, começou a ouvir a flauta do destino e lhe seguiu o chamado onde ecoasse.

Na rua Odorico Mendes, travessa da Ana Neri e paralela da Dom Bosco, Walter, mocinho, animava, do alto de um tablado erguido sobre a calçada nas manhãs de domingo, uma "hora do calouro" e, de tarde, uma vesperal de lutas de boxe, sempre contando com a excitação de uma plateia fluvial. O povo das redondezas apinhava-se no mesmo ponto do qual hoje se encara o prédio ocupado pelos computadores do Banco Itaú, poderoso edifício alcunhado de Hulk pelos mooquenses atuais. Já no Alto da Mooca, a Pioneira, grande loja da avenida Paes de Barros, contratou Walter no início dos anos 1950 para que lhe anunciasse as novidades e os preços baixos, através de um serviço de alto-falantes também destinado a irradiar programas musicais, e a "Ave Maria" às cinco em ponto da tarde. Às cinco saíam as operárias do Cotonifício Crespi, e o dono da Pioneira recomendava: "Capricha na 'Ave Maria', Walter, que as normalistas estão saindo".

Walter aprendera a impostar a voz no Colégio Dom Bosco, onde foi contemporâneo de Angelo Iervolino e seu colega no curso de teatro dirigido por Santo Miller, confeiteiro da Irmãos Di Cunto. Anos depois, Angelo pôs à prova os ensinamentos recebidos de Santo em um grupo amador que levou aos palcos, inclusive o do Teatro Arthur Azevedo, obras do porte de *Deus lhe pague*, *Os dois sargentos* e *A dor de fígado*, sendo que na primeira é fácil imaginar o quanto Angelo tenha sido pouco convincente no papel do industrial que rouba a patente da invenção do operário. Nesse ínterim, fechara as portas a padaria do velho Alfonso, depois de curta tentativa de sobreviver à morte do seu dono, logo encerrada quando Angelo e Alfonso Jr., mais o irmão Antonio, com quem ainda tocavam o negócio, decidiram tomar seus próprios rumos.

Os Iervolino são, a seu modo, exemplares. Passara o tempo da Mooca sem que a padaria da Barão de Jaguara ganhasse impulso para virar uma sólida indústria como a Irmãos Di Cunto. A padaria tornara os Iervolino proprietários, mas não se expandira o bastante para abrigar-lhes as ambições novas em folha, sonhos finalmente classe-média. Os moços se mandaram, e acabou de vez a história mooquense do velho Alfonso, nascido em Terzigno, região de Nápoles, como a mulher, Conciglia Parisi. Dera-se o noivado na Itália e o casamento aqui, e a viagem de terra a terra a fizeram a bordo do mesmo barco, separados pela vigilância do irmão dela, Giuseppe, presença plenamente justificada pelos bons costumes e não sendo de somenos importância o fato de que Conciglia tivesse grandes olhos azuis. Atribui-se, aliás, a esses belos olhos, o ciúme que Alfonso devotou a Conciglia enquanto ela viveu, e o sentimento de ausência que o acompanhou depois que a mulher foi raptada

Walter Silva na rua Dom Bosco. Às suas costas, tempos atrás, ainda se veria um dos maiores cortiços do bairro, que os espanhóis teimavam em chamar Vila das Flores, embora fosse mais popular com outro nome, menos poético.

ao afeto familiar e à marital paixão, prematuramente, aos 42 anos, por um mal do coração. Conciglia pôs no mundo nove filhos, Rafael, Pascoal, José, Filomena, Rosa e Amália, além dos já citados. E amamentou a todos, menos o caçula, Angelo, sobrando a tarefa para uma trapezista de circo.

Viúvo, Alfonso não tirou mais o luto: sem fazer a barba por uma semana logo que ela morreu, conforme mandavam os hábitos do bairro, preto no terno por um ano, preto na gravata, até falecer, doze anos depois, em novembro de 1954. Na véspera comunicara aos filhos a intenção de visitar pela primeira vez a Itália, depois de uma ausência de mais de trinta anos. "*Voglio rivedere Terzigno*", dissera, em italiano. E não se tome a permanência da língua da terra natal na boca de Alfonso como prova de ignorância, mas de nostalgia. Ao falar da Festa de San Gennaro, em 1976, Alfonso Jr. suspirava: "A alegria que sentimos não dá para explicar, eu mato as saudades de Nápoles, apesar de nunca ter estado lá". O jovem napolitano que chegara à Mooca em busca de um emprego de padeiro, para tornar-se ao cabo de uns anos dono do seu próprio estabelecimento, cuidara de transmitir aos filhos brasileiros o amor às raízes, nutrido pela descrição fervorosa de épocas mortas e lugares que, dirão vocês, não existem. A nostalgia pode pregar peças impiedosas a quem lhe cai nos braços. Mas Angelo, que acabou realizando o último desejo do pai e foi à Itália para um passeio de um mês, voltou para confirmar que o velho Alfonso não era vítima da sua própria saudade. Não houvera enganos, Nápoles é mesmo aquela contada por Alfonso.

Os senhores do café, no fim do século passado, saíam das suas mansões dos Campos Elíseos, da Vila Buarque, de Higienópolis, e iam de carroça ao Hipódromo da Mooca. Depois, quando a São Paulo Railway construiu um ramal que, ao chegar à altura da atual Radial Leste, se desviava para a esquerda e seguia pela rua dos Trilhos até a Bresser, os senhores passaram a frequentar outro trajeto e a misturar diferentes meios de locomoção. E iam de carroça até a estação da Luz, e de trem, dali até o destino.

E, então, começaram a aparecer os automóveis nas ruas de São Paulo, e entre os primeiros donos de carros a motor havia italianos já enriquecidos, como Francisco Matarazzo, possuidor invejado da chapa número um, num tempo em que os números da chapa classificavam o motorizado na hierarquia dos abastados. Mais tarde, Dino Crespi, filho do conde Rodolfo, transitava pela rua da Mooca em um carro esporte que parecia coisa de marciano, a caminho do Cotonifício, e as pessoas paravam nas calçadas com os olhos cheios de estupor. Caso se detivesse nas porteiras, haveria meninos para se aproximar do automóvel e tocar-lhe com a ponta dos dedos os paralamas, sem falar dos adultos que se acercavam para pedir emprego.

Os senhores do café não moravam na Mooca, tampouco os empresários italianos que se tinham estabelecido no bairro com suas indústrias. Mooca e Brás foram o ABC pioneiro dos começos do século, e poucos entre seus moradores ficaram ricos, e nenhum rico a ponto de ganhar entrada no clube fechado dos donos do poder. Geremia Lunardelli, Dante Ramenzoni e Nicola Scarpa são exemplos raros de imigrantes pobres que fizeram a América, mas não se tem notícia de que tenham morado na Mooca, assim como Francisco Matarazzo e Rodolfo Crespi, que chegaram equipados para subir na vida rapidamente, emblemáticos de uma pequena leva de italianos que desembarcavam com algum dinheiro no bolso, ou com estoques de mercadorias, ou com a tarefa de instalar a filial de uma firma estrangeira.

Matarazzo veio com um estoque de banha, em 1881, abriu uma casa de comércio em Sorocaba e a partir daí criou o maior complexo industrial da América do Sul. Filho de um funcionário público calabrês que se mudara para Castellobbate, perto de Salermo, com curso secundário completo e experiência comercial no ramo de porcos e banha, já em 1800 Matarazzo possuía 46 contos, bom dinheiro na época, para investir em uma firma importadora de trigo norte-americano e argentino e arroz cochinchinês. Conquistou as simpatias do diretor do British Bank of South America e conseguiu financiamento para construir um moinho em São Paulo, em 1900. Ele próprio virou banqueiro, abriu um cotonifício para fazer os sacos da sua farinha, estampou tecidos, descaroçou algodão comprado em rama, produziu sabão e glicerina, comprou navios para transportar as matérias-primas dos seus negócios crescentes e atracou-os ao cais que ele próprio construíra. Colheu o êxito em inúmeros ramos, desde conservas até gado de corte, produziu engradados, açúcar, carne e couro. Só não deu certo em uma fábrica de fósforo, porque não conseguiu controlar-lhe o processo de fio a pavio.

Era um homem grande e forte que deu para raspar a cabeça a navalha ao lhe ralearem os cabelos, e a sua calva iluminava as ruas da Mooca, quando visitava a sua fábrica de óleos na Borges de Figueiredo, e outros cantos da cidade, inclusive as calçadas da avenida Paulista, pelas quais passeava, depois do jantar, fumando charutos, e as reuniões do Centro das Indústrias de Fiação e Tecelagem, que mandava na economia de São Paulo e do Brasil. Matarazzo presidiu o Centro desde a sua fundação, em 1919, até 1926, mas sempre manteve ali poder e voz para fazer valer o peso da sua vontade. Ele presenteava os amigos com vinhos de rótulos nobres, que não tomava, preferindo a cerveja, e na Mooca ainda há quem se lembre de que, ao encontrar numa das suas fábricas um velho empregado, abraçou-o emocionado e determinou na hora que se aposentasse com especiais regalias, fato este apontado como demonstração dos seus generosos encantos. De si próprio dizia: "Sou um simples negociante de farinha, bacalhau salgado, algodão... Não compreendo muita coisa". Em proveito dos jornalistas, com os quais lidava com habilidade de político mineiro, repetia: "Nunca estudei coisa alguma, sou um ignorante". Não era bem assim.

Rodolfo Crespi, contador formado, era piemontês e veio para o Brasil em 1893 como vendedor de uma companhia de Milão, de tecelagem e exportação, na esteira do irmão Giovanni, que se tornara sócio de ricos brasileiros na fábrica de tecidos Labor. Rodolfo casou-se com Marina Regoli, filha de um comerciante de tecidos, e com este abriu um restaurante na praça da Sé, onde, segundo a lenda, foi pago por um freguês de contas atrasadas, com um tear usado, semente do cotonifício que marcaria profundamente a vida da Mooca. Como a marcariam os moinhos Gamba, a Tecelagem Três Irmãos Andraus, a Clark, a Antarctica, e também indústrias mais recentes, como a São Paulo Alpargatas, o Frigorífico Anglo, a Fulgor, a União de Refinadores, a Máquinas Piratininga e outras mais.

Para homens como Matarazzo e Crespi, a virada do século escancarava chances que só diminuiriam um pouco depois da Grande Guerra, e ainda assim eram larguíssimas para imigrantes como os irmãos Di Cunto, gente da classe média que chegou no início da década de 1930 para morar na Mooca em uma velha casa construída pelo pai muitos anos antes. Donato Di Cunto, marceneiro, veio para o Brasil em 1889, e trabalhou na construção do primitivo viaduto do Chá. Ganhou as simpatias do arquiteto Álvares de Azevedo e algum dinheiro, com o qual construiu uma casa na Mooca. Alugou-a e voltou para a Itália, onde o alcançou a notícia de que o inquilino botara fogo na casa. Retornou, consertou o estrago, ficou aqui um tempo, regressou finalmente à terra natal. Quando morreu, os filhos decidiram mudar-se para cá. Chegaram no dia de Natal de 1934, chovia a cântaros, a rua da Mooca era uma torrente e ao alcançar a casa antiga, batida pelo temporal, a jovem Ermelinda, mulher do mais velho dos irmãos Di Cunto, hoje uma bela anciã de perfil grego, chorou "*tutta la vita*". Instalaram ali uma padaria, e quando finalmente a derrubaram, para construir no mesmo local uma fábrica moderna de produtos alimentícios, dona Ermelinda chorou de novo. Compreenda-se a emoção, mas os Di Cunto não tinham de que se queixar. Foram dos poucos, e dos últimos mooquenses, que fizeram fortuna, ao cabo de um processo inaugurado nos fins do século passado.

Os iniciadores são os fazendeiros do café, rudes aristocratas tolhidos para refinamentos europeus, nutridos de grosseiras feijoadas e, no entanto, habilitados a comandar a transformação e, dentro dela, a sobreviver como classe.

As fábricas continuam.

Como anota Warren Dean no seu excelente livro *A industrialização de São Paulo*, faltaram-lhes tempo e condições para que enlarguecessem na decadência do seu próprio fausto, responsável, em outras terras, em circunstâncias iguais, pelo naufrágio dos senhores da terra, agarrados aos seus feudos e às lembranças que pairam nos seus jardins, de cerejeiras ou não, tanto faz. Graças às opções que fizeram, estradas de ferro e mão de obra livre, o progresso andou depressa.

Em 1871, no pressentimento da Lei Áurea, a Assembleia da Província de São Paulo já aprovava uma lei pela qual ganhariam subsídios as companhias transportadoras de imigrantes italianos, e quinze anos depois assinou-se um novo contrato de imigração pelo qual, até 1889, chegariam 90 mil europeus. Na substituição do escravo pelo trabalhador livre, São Paulo descobriu todo o valor da moeda como meio de troca, em um tempo em que a renda média *per capita* no país oscilava entre 7 e 15 dólares. A essa descoberta também se deveu que começasse aqui uma época nova, sem que deixassem de influir hábitos antigos. Os senhores do café exerciam grande poder sobre o governo, que agia conforme seus interesses nas questões que envolviam terras e subsídios.

O fazendeiro que forçava o governo a ampliar os direitos do cidadão naturalizado para atrair levas cada vez mais densas de imigrantes, expandia também os horizontes do mercado, e ele próprio se tornou o primeiro importador de bens de consumo. A partir daí, a transformação seguiu as linhas de uma pauta marcada, pela qual a importadora tende, naturalmente, a virar manufatura. Por outro lado, ao encontrar fechado o ingresso à terra e ao ofício, o recém-chegado, aquele mais dotado de ousadia, recursos e conhecimento, logo se converteu em intermediário do negócio. Os que venceram, eram originários da classe média citadina, tinham instrução técnica ou experiência no comércio e na manufatura, como, por exemplo, Matarazzo e Crespi, ou, bem mais tarde, os irmãos Di Cunto.

Facilitava-lhes a vida, de resto, o mercado específico criado pelo imigrante em bairros como a Mooca. O mooquense não compraria a farinha de mandioca produzida pelo moinho do fazendeiro. Queria farinha de trigo, e macarrão, chapéus de feltro, vinho, azeite de oliva, e achou quem o abastecesse desses gêneros. Os habitantes nativos esboçavam tênues formas de resistência à multiplicação do imigrante. Mais pesavam do que as naturais desconfianças, os interesses comuns, a semelhança entre as línguas, a identidade de religião. Um europeu que visitou São Paulo em 1930 declarava o seu espanto diante da diferença entre a sociedade paulistana de então e aquelas do velho mundo. Havia um sistema de classes, dizia o europeu, porém abertas, sem parentesco com castas. E acrescentava: "O único e grande princípio da hierarquia social é o dinheiro, que muda livremente de mãos".

Não é que os senhores da terra e os seus herdeiros apreciassem sobremaneira os imigrantes que em parte os eclipsavam. Havia, até, ocasiões em que os acusavam de "plutocratas" e "tubarões", assim como a classe média apelidara os comerciantes italianos, e, por extensão, todos os imigrantes peninsulares e seus filhos, de "carcamanos", sendo os primeiros a ganhar o epíteto os açougueiros, que teriam cultivado o hábito de apoiar a mão sobre a balança, ou seja, de *calcare la mano*. Ao mesmo tempo, porém, lhes absorviam certos costumes, preferências alimentares especialmente, e não conseguiam escapar à admiração das suas origens, pois os imigrantes, embora "carcamanos", vinham da terra de Giuseppe Verdi e Dante. Riam-se dos títulos de nobreza e das comendas que uns tantos italianos recebiam do governo fascista e do papa, e que diziam comprados por milhões de contos de réis, tão semelhantes, contudo, àqueles que alguns, entre os senhores da terra, haviam ganho do imperador. No fundo, uma ponta de inveja não deixava de lhes agulhar as entranhas, enquanto se vestiam de acordo com o figurino dos imigrantes alfaiates.

São Paulo comentava então as poses britânicas de uns filhotes de tubarão, que compravam suas gravatas em Londres, e oferecia largos ecos às façanhas de outros tantos às mesas de pôquer do Grande Hotel do Guarujá, onde se jogavam carros, alqueires de terra vermelha e os favores de lindas mulheres, algumas de sobrenomes ilustres, desde que, ali mesmo, em embate pioneiro e ainda mais memorável, Rodolfo Crespi ganhara a posse do Hotel Esplanada do comendador Giuseppe Puglisi Carbone, importador, banqueiro, dono de moinhos, fábricas de seda e refinarias de açúcar. Talvez os senhores da terra se irritassem com a magnificência dos palacetes, de estilo florentino ou neoclássico, que os italianos levantavam na avenida Paulista para ensombrecer a fachada dos seus, floreais. Talvez não suportassem o ronco dos carrões da nova classe emergente, principalmente o trovejar da baratinha vermelha de Ibsen Ramenzoni, que passou à história como *il bolide rosso*. Ao mesmo tempo, porém, processava-se a mistura de ricos antigos e novos, em instituições que lhes defendiam em bloco as causas, como o Centro das Indústrias de Fiação e Tecelagem, e através de casamentos que guardavam basicamente o mesmo objetivo.

A Mooca vivia longe de tudo isso, mas não faltaram mooquenses que se inclinassem a enxergar no êxito de uns poucos imigrantes o emblema das chances oferecidas a todos. E a mistura entre nativos e forasteiros, de resto, se dava mais facilmente nas classes baixas, o que explica em boa parte porque não se registraram aqui fenômenos iguais aos ocorridos nos Estados Unidos, onde saíram das colônias italianas os organizadores de turvas sociedades inspiradas na Camorra napolitana, na Onorata Societá calabresa e na máfia siciliana, originárias da instituição criminosa que se chamou e se chama Cosa Nostra. Houve, por lá, quem procurasse no submundo as oportunidades que lhe eram sistematicamente negadas para uma ascensão social dentro da lei. Aqui, as coisas correram de outro modo.

Velhos mooquenses ainda falam dos tripeiros que desciam com suas carrocinhas da Vila Mariana e que, segundo se murmurava, compunham uma organização mafiosa, capaz de qualquer violência para manter as suas áreas de influência, e nisso parecida com outros agrupamentos, de vendedores de bilhetes da loteria e jornaleiros, por exemplo, e, se quiserem, com outros mais graúdos, como o Centro em que tonitroava a voz de Matarazzo. Não é que na Mooca e no Brás não houvesse uns poucos especiais cavalheiros com físico e postura digna de *capi-regime*, de poderosos chefões, mas o respeito que os cercava não era imposto pelo medo, porém por seu saber, experiência e qualidades humanas.

Quando Gaetano Niccoli, farmacêutico na Visconde de Parnaíba, passava pelas ruas da Mooca e do Brás, as pessoas diziam, entre mesuras, "*bacio le mani, don Gaetano*", com uma inflexão suavíssima que precipita entre as vogais do ditongo, para agarrar-se ao t como a mão de um náufrago e exaurir o resto da palavra num suspiro longo. Gaetano Niccoli, calabrês, porém formado em Milão; com residência anexa à farmácia; taciturno à mesa familiar onde tinha primazia na hora de se encherem os pratos e onde a fala dos comensais só se ouviria com sua autorização, possivelmente expressa por um simples aceno da cabeça; apreciador, no entanto, dos carnavais do Teatro Colombo e das festas do Circolo Italiano; conversador fluente em rodas de amigos pelas cantinas e astuto jogador de baralho; don Gaetano podia ser lei, em vários casos.

Caetano Raiola, o seu Tanino, hoje batendo nos 65, lembra-se do dia em que seu pai o levou à presença de don Gaetano e sobre o chão de mármore que lhes refletia as figuras, na casa do farmacêutico, propôs a seguinte questão: "Don Gaetano, *bacio le mani*, e por favor escute o que tenho a lhe dizer. Meu irmão e eu, juntos, temos dezenove filhos, e o nosso negócio não dá para todos. Então, que faço com este?".

E puxou o filho, que se escondera atrás das costas paternas, para o primeiro plano. Don Gaetano disse: "*Chisto ha da essere farmacista comme a' me*". De fato, Tanino formou-se farmacêutico, e como tal se estabeleceu, a muitas quadras da importadora dos Raiola, até agora florescente e especializada no ramo de azeitonas. O risonho Tanino, que entre outros méritos apresenta o de ter feito a primeira comunhão na igreja de San Gennaro e o de sempre comparecer às procissões da Sexta-feira Santa, só se sentiu autorizado a dar uma parte do seu tempo à importadora depois da morte de don Gaetano, atropelado no centro da cidade há duas décadas.

Nos fundos da sua farmácia, chamada São Pedro, hoje substituída por um barzão que tresanda odor de frituras até a esquina da Caetano Pinto, don Gaetano produzia remédios pela mistura de pós e infusões de ervas, além de um misterioso anticoncepcional, conhecido no código das mulheres que o adquiriam, rubras de vergonha, como "Maria Mena", muito popular no bairro embora nem sempre usado. Pascoal Cataldi garante que Niccoli "era o médico de todos", e recorda a súbita e formidável dor de cabeça que acometeu certa senhora, logo submetida pelos familiares ao pronto exame de don Gaetano. Diz ele: "Precisa de médico".

Chamam o médico, com a urgência recomendada pelo grave semblante de don Gaetano, e o médico vem e receita uns tantos remédios. O farmacêutico assiste à visita em silêncio. Mal sai o médico, e já decreta: "Chamem outro". A senhora acabou sendo operada naquele mesmo dia, e depois viveu por muitos anos, em excelente saúde muito agradecida a don Gaetano. Cataldi também se lembra de pastilhas de hortelã e pinceladas na garganta, enquanto outros mooquenses agitam a mão, num gesto que fala de grandezas, ao repetirem com admiração solene: "Don Gaetano tinha uma farmácia oficinal". Pasteur, se tivesse morado na Visconde de Parnaíba, não lhe mereceria maior elogio.

Faltam informações precisas sobre os humores políticos de don Gaetano, mas não é impossível que se comovesse com feitos mussolinianos, quando os imigrantes passaram a cultivar um patriotismo ingênuo e sentimental, que poderia levá-los até Santos, para ver de perto os transatlânticos italianos, ou até Congonhas, para assistir às exibições de esquadrilhas de caças da força aérea da Itália fascista. Os imigrantes teriam razões de ressentimento para com a pátria que os vira partir quase com

Arquivo pessoal

Don Gaetano com a senhora Niccoli: "*bacio le mani*".

alívio, e, no entanto, esqueciam tudo, arrebatados à distância pelas bravatas do nacionalismo do Duce. Uns poucos, fiéis aos ideais anarco-sindicalistas violentamente reprimidos anos antes, resmungavam críticas pelos cantos, rapidamente encobertas pelo clangor das bandas que saudaram o pouso brasileiro de Italo Balbo, em 1932. Acabava de atravessar o céu atlântico, numa esticada só, liderando uma esquadrilha de hidroaviões, e bondes engalanados de bandeiras tricolores e apinhados de gente até sobre os tetos, foram da Bela Vista até o Largo da Concórdia em meio às fanfarras.

Anos após, o menino Alfredo Di Cunto, recém-chegado à Mooca, começaria a colar num caderno recortes de jornais que contavam façanhas da Itália fascista, entre elas visitas a portos brasileiros de barcos de guerra italianos, prenunciando a tormenta que assolaria o mundo logo mais. Alfredo, hoje elegante cavalheiro de fala mansa, evoca o caderno com o olhar cético que é próprio de quem aprendeu a precariedade dos entusiasmos adolescentes, mas então a euforia nacionalista era geral, e ao estourar a guerra houve o temor de que pudessem aflorar antigos rancores nativos e súbitos propósitos de desforra. Nada de grave aconteceu. A descer com tocha e cordas na memória, tudo o que velhos mooquenses reencontram, como em um fundo de caverna, são pequenas brigas, como aquelas que levou a polícia até a Confeitaria Guarani, na Rangel Pestana, para prender um pessoal "agitadinho", inclusive um padre napolitano, de sobrenome Montano, que ajudava o pároco de San Gennaro e gostava de cantar "Faccetta Nera", a canção dos italianos na conquista da Abissínia, fundo musical de um breve sonho imperialista.

Grave mesmo foi a mudança do nome do Palestra, mal digerida por longos anos. No mais, se houve ferimentos, foram leves, e de cicatrização rápida. Mas, ainda durante a guerra, Fiorello La Guardia, prefeito da maior cidade italiana do mundo, Nova York, em visita à segunda maior, São Paulo, cuidara de jogar água na fervura e de colocar pingos nos is. Conduzido ao topo do prédio Martinelli, deitara um olhar circular sobre a cidade, para concluir: "*Da quella parte si lavora, da quest'altra si mangia*". Comia-se do lado da Paulista, trabalhava-se do lado da Mooca e do Brás. E, nesta disparidade, talvez houvesse motivos mais fortes para choques, não mais entre nativos e forasteiros, mas entre brasileiros.

No dia 19 de setembro, o sangue coagulado de Gennaro, bispo de Benevento, guardado em duas ampolas na catedral de Nápoles, se liquefaz e entra em ebulição. É o que costuma acontecer todos os anos, há muitos séculos, mas houve ocasiões em que o fenômeno, ou milagre, como quiserem, não se deu, e então os fiéis apinhados na catedral, e o povo da cidade em peso, souberam que até o dia 19 de setembro do ano seguinte sofreriam desgraças e cataclismos. Com seu santo padroeiro, os napolitanos têm um trato que se pode deslocar velozmente da adoração à raiva. Se a liquefação demora para ocorrer, o povo transforma a oração em blasfêmia, e "*faccia gialluta*", cara amarelada, é a expressão mais leve que se ouve nestas oportunidades, escandida em coro contra a imagem de San Gennaro. Blasfemar é coisa de napolitano, e blasfemar com imaginação e malícia. No tempo em que existiam no Brás duas igrejas dedicadas ao culto de Nossa Senhora de Casaluce, uma na Caetano Pinto e outra na Carneiro Leão, se alguém fosse surpreendido a pronunciar em vão o nome da Madonna, admoestado alegaria prontamente estar referindo-se à Virgem da Caetano Pinto caso fosse morador da Carneiro Leão, e vice-versa.

A mais antiga imagem de Gennaro remonta ao V século, afresco pintado nas catacumbas napolitanas, em que a cabeça do santo aparece encimada por uma nuvem, o que poderia dar a entender que se tratou de um idealista. Imagens posteriores mostram um rosto pálido e inspirado, oferecendo um certo respaldo ao que dizem do seu santo os napolitanos irados. Gennaro foi decapitado como líder da subversão cristã à época da perseguição religiosa promovida pelo imperador Diocleciano, num dia 19 de setembro dos começos do século IV, talvez no ano 305.

Quem não acredita em milagres, explica das mais diferentes maneiras a liquefação periódica do sangue do mártir, desde as pseudocientíficas (o sangue coagulado, em contato com a luz, se liquefaz) até aquelas que a tem como efeito do calor emanado da multidão. Só não compreendo como não se aventou a hipótese a meu ver mais provável: o sangue de Gennaro fervilha porque é de revolucionário.

Agora, modestamente, me pergunto se, chegado a São Paulo no fim do século XIX, Gennaro de Benevento não estaria entre os Donati, Campagnoli, Vesani, Botti, anarquistas, ou entre os Sapia, Bacchiani, Marinaro, socialistas, que tentavam organizar o movimento operário. E se não seria leitor de jornais como *Gli Schiavi Bianchi*, *Il Risveglio*, *L'Avanti!*, se não iria ao teatro para assistir à peça *Giustiziere!*, de autoria do trabalhador Giulio Sorelli, em dois atos e um prólogo, em que se contava a história de Gaetano, "aquele a quem tanta miséria, tanto sofrimento fez erguer o braço num gesto desesperado de protesto e vingança", conforme esclarecia o crítico de *O Amigo do Povo*. Mas poderia também figurar entre os presos de um dia de 1893, em seguida à explosão de uma bomba nas imediações da residência do doutor Carlos Paes de Barros, ou entre os debatedores do segundo Congresso Operário de São Paulo, realizado em 1908, com a participação de figuras como Lorenzo Monaco, Onofrio Vela, Francesco Bigallo, Luigi La Scala, Gaetano Naccarato, Pilade Grassini.

Ou não seria um dos organizadores da greve dos tecelões de lã da fábrica Penteado, na Mooca de 1907? Os operários da Penteado reivindicavam a redução do dia de trabalho para oito horas e a proibição do emprego de menores de catorze anos. As reivindicações continuariam sendo as mesmas nas greves de 1917, com a adesão dos trabalhadores de cerca de cem fábricas em todo o Estado, e de 1919, com participação ainda maior. A parede de 1917 acabou por desencadear a maior manifestação pública urbana na Primeira República, após a morte de um operário, no Brás. O enterro saiu da Caetano Pinto, caminhou em silêncio pela Rangel Pestana, subiu a ladeira do Carmo e invadiu o centro. Mais tarde houve choques no Brás, entre polícia e operários, e a partir daí as desordens se espalharam por toda a cidade, e se prolongaram pelo mês de julho, de tiroteios e prisões. Um Comitê de Defesa Proletária convocou um grande comício no Hipódromo da Mooca, a Vila Euclides de 63 anos atrás, e a multidão decidiu que a greve prosseguiria até o atendimento das reivindicações contidas em um memorial que uma comissão de jornalistas se incumbiu de levar ao presidente do Estado, o doutor Altino Arantes.

Um denso relato daqueles eventos paulistanos foi escrito por um dos integrantes da comissão, o jornalista italiano Gigi Damiani, e foi publicado em Milão três anos depois. No Brasil, jamais saiu. Arantes se comprometeu a fazer respeitar pelos patrões novos contratos de trabalho, contava Damiani, "com um aumento de 25% nos salários e a redução dos horários a nove horas".

Declarava ainda "proibida a exploração de menores nas fábricas" e oferecia, para dar fé dos seus propósitos, palavra de honra e garantias por escrito. Anotou Damiani: "Educado pelos reverendos padres jesuítas, o presidente Altino Arantes havia prometido... mas com restrição mental". Encerrada a greve em meio às promessas oficiais, iniciava-se logo em seguida um período de repressão maciça, e algumas centenas de "elementos perigosos" foram expulsos do país, entre eles Damiani. Tendo a crer que se Gennaro vivesse naquela época em São Paulo, teria sido recambiado para Benevento. Receio, apenas, que esta tese não seja do agrado de muitos mooquenses atuais, como não seria para muitos da época, estes e aqueles preocupados em evitar riscos, exposições perigosas, quando não tolhidos para raciocínios políticos.

No começo da década de 1920, o operário paulista ganhava em média 4 mil réis por dia e trabalhava dez horas ou mais, aos sábados inclusive. As mulheres representavam cerca de um terço da força do trabalho, metade dos operários tinham menos que dezoito anos e 10% menos de catorze. Naquele tempo, a "média" com pão torrado custava de quatrocentos a quinhentos réis e meio quilo de macarrão consumia quase completamente o pagamento de um dia. Em 1917, meninos operários de uma fábrica da Mooca queixavam-se de espancamentos com inspetores do trabalho e exibiam equimoses e ferimentos. Segundo investigações realizadas pelo Departamento Estadual do Trabalho, na década anterior, os operários não gozavam de quaisquer benefícios. Trinta fábricas pesquisadas ministravam assistência médica mas cobravam por ela.

Jorge Street, um possante escocês de barba acobreada, diretor da fábrica Maria Zélia, na Mooca, surgia como empresário de consciência social avançada ao construir uma vila operária modelo, em que vigorava toque de recolher às nove da noite e se proibia terminantemente o uso de bebidas fortes. Em compensação, as mães que amamentassem os filhos não eram multadas pela ausência do emprego, e Street, com notável bonomia, cuidava de esclarecer que os benefícios proporcionados pela Maria Zélia se destinavam a substituir "salários mais elevados, que seriam torrados em coisas inúteis".

Eduardo Jafet lamentava, no entanto, os "salários altíssimos", enquanto Roberto Simonsen, considerado iniciador de uma linhagem de empresários modernos, sublinhava "com tristeza" que "o elemento nacional não está suficientemente preparado", embora condescendesse: "São almas boas e simples". Simonsen entendia que a industrialização do País o tornaria independente, mas não parecia perceber as implicações sociais do processo.

Antes disso, no entanto, o sindicalismo brasileiro, nascido no Brás e na Mooca, começaria a se fazer presente. Em 1923 havia mais de 140 sindicatos. Como de hábito, a inflação galopava, para desespero da classe média, por isso inclinada a uma certa simpatia em relação às reivindicações trabalhistas. Observa Warren Dean que, em 1922, Arthur Bernardes procurou aproximar-se dos sindicatos e, ao assumir a presidência da República, criou o Conselho Nacional do Trabalho, instituiu uma caixa de pensões para ferroviários e decretou o feriado de Primeiro de Maio. Mas deixou que arrefecessem as suas simpatias proletárias depois da revolução de 1924, "quando ficou demonstrado que os sindicatos tinham maior probabilidade de cooperar com o exército do que de hostilizá-lo".

Os eventos de julho de 1924, gerados pela revolta militar promovida por Eduardo Gomes, Siqueira Campos e Juarez Távora, reaparecem na lembrança dos velhos mooquenses que então eram meninos e viram o seu bairro transformado em trincheira pelos revoltosos, enquanto choviam as balas dos morteiros governistas do alto do Cambuci. Muitos abandonaram a Mooca, para refugiar-se em outros cantos. Os Raiola, pais e filhos, 23 pessoas ao todo, caminharam madrugada adentro até a Estação da Luz, remoendo temores e melancolia no rumo de um trem que os levaria, a salvo, à Itália. A família Cataldi, juntamente com outras, abrigou-se no porão da casa de uma chácara da rua Oscar Horta, onde os homens dormiam de dia e as mulheres de noite, e uns e outras, quando despertos, jogavam tômbola para enganar o tempo. Uma bala de fuzil caiu na chácara e uma menina a apanhou e a engoliu. Alguém teve então de desafiar os riscos das ruas e partiu, em arremetida audaz, até a farmácia São Pedro, para chamar o inevitável don Gaetano, que, do seu lado, convocou um laxante forte.

Cataldi lembra-se do céu avermelhado pelos incêndios e Salvador Sprovieri das ruínas do Cine Olímpia, semidestruído por uma bomba. Morreu gente e houve depredações no Mercado Central e em vários armazéns. Algumas pessoas ficaram ricas do dia para a noite, ao passo que outras, como a combativa Mariana, avó de Walter Silva, cuidavam de garantir o jantar. Um trem carregado de bois em pé parou nas porteiras, e o povo o assaltou, e os animais foram retalhados ali mesmo, dilacerados por mãos, canivetes e facas de cozinha, num mar de sangue. Tanino Raiola recorda a cena com os olhos de então. Tinha sete anos e lhe ficou nos ouvidos o mugido dos bois, quase grito humano, e a visão das mãos enluvadas de sangue que penetram nas entranhas e disputam fígados e corações.

A fúria desses dias de 1924 é de marca bem diversa daquela que levou os trabalhadores da Mooca e do Brás aos choques de 1917, e aos de 1919, quando outro operário foi morto pela polícia a muitos quilômetros dali, em São Bernardo, vila distante da capital, ainda incapaz de imaginar o futuro que o destino haveria de lhe reservar. Também são diferentes os turvos sentimentos de medo e desespero que açularam a massa no assalto ao trem dos bois daqueles estimulados pelos oradores dos palanques da "praça vermelha", como foi chamado, depois da Segunda Guerra Mundial, o largo que se forma na confluência da Paes de Barros, Taquari, Oratório e rua da Mooca.

Aquela foi época de grandes comícios, e certa vez o pessoal tomou ousadamente o caminho do largo São José do Belém, para desligar as luzes de um *meeting* da UDN. Pois o pessoal era vermelho mesmo, e na praça falavam os comunas veteranos, Luís Carlos Prestes, Pedro Pomar, João Amazonas, Marighella.

Logo atrás da pracinha, rodava a máquina impressora dos panfletos do pecezão, em uma pequena gráfica da qual era sócio João Saldanha, futuro cronista esportivo e técnico da seleção brasileira, um dia misteriosamente sumido do bairro, para dar, enfim, sinal de vida através de cartas remetidas da China, onde adquirira o hábito de passar sebo na ponta do nariz para enfrentar o frio de trinta graus abaixo de zero.

Houve mais greves nesse período, quando o Brasil pensou ter alcançado a democracia e se enganava. E o resumo da história condensa a vida de gente inquieta e sofrida, e um tempo que, talvez, não fosse tão bom quanto resulta na lembrança de quem hoje está velho. Em todo caso, os mooquenses, no bem e no mal, conservaram a consciência da importância do seu bairro e, por isso, a Mooca cumpriu o seu papel. Hoje muitos mooquenses voltam a se reunir atrás da igreja de San Gennaro, em uma festa aberta para os paulistanos em geral. As noites serão alegres, e eu só gostaria de saber se Angelo Iervolino, que presidiu a comissão organizadora depois dos mandatos do irmão Alfonso e de Gilberto Evangelista, e encerrou o seu em 1981, repetirá em 1982 os antigos gestos aprendidos à beira do forno da padaria do pai no preparo da massa da pizza. No mais, não há como deixar de prever o êxito da festa e, ainda, não se duvide de que, ao viverem um belo momento de nostalgia e afeto, haja pessoas dispostas a identificá-lo com o espírito da velha Mooca.

Creio, ao certo, que no curto suspiro de cem anos, a Mooca se tenha credenciado a uma lembrança saudosa, embora nem tudo que nela aconteceu a mereça. A saudade, no entanto, é assim mesmo.

FAZ-SE BOLOS
ARTISTICOS

Um nome que marcou a Mooca assinala por onde já transitou a fulgurante baratinha do jovem Dino Crespi.

Rua Antunes Maciel.

Nas páginas 74 e 75, rua San Gennaro, ex-Nichteroy, que era fechada ao trânsito por três fins de semana em setembro, enxota os carros para hospedar alegria, saudade e um grande apetite.

Igreja de São Januário (San Gennaro).

Meninos da década de 1980 na rua Dom Bosco,
território que foi de Angelo e Walter.

Rua Borges de Figueiredo, antiga alameda Taubaté,
onde fica a sede da Di Cunto desde 1896.

CRG 0175

Posfácio

Alberto Conti, vendedor de antiguidades e morador da rua João Antônio de Oliveira, carrega um gramofone.

Quando, em uma esquina do Brás, ouvi pagode em lugar de Pavarotti ou Adoniran Barbosa, percebi outra mudança. Sei que o Arnesto convidava os amigos para um samba, e morava no Brás. Não era confiável, capaz de dar canos sem deixar recado na porta, mas nunca aprovaria um pagode, podem crer.

Saí para o confronto entre passado e presente, tomei a Radial Leste no rumo da Alcântara Machado, a avenida que divide o Brás da Mooca. O caminho de sempre, há muito tempo. Mesmo assim, na larga curva do Glicério, já me dei conta de alterações sensíveis. Um tanto doídas, agulham o plexo solar.

À esquerda, a Radial escorre ao lado da Igreja da Paz, dada a estilizar graciosamente o românico, com sua esguia torre campanária determinada a alongar sua sombra agudíssima sobre os telhados do antigo bairro operário. À direita, a novidade, a enorme caixa de concreto de um templo evangélico, pintada como as roupas de um Arlequim.

É tarde de domingo, plúmbea. A Mooca de Baixo, das minhas incursões de outros tempos, mantém os velhos muros no lugar.

Tisnados porém roídos, agredidos pelos grafiteiros. Ali está a igreja de São Januário, San Gennaro, à qual se impõe uma torre em construção, de estilo duvidoso como tudo o mais; cabiam objeções, hoje outras cabem. Inquietantes.

A Mooca afundou no desconforto das ambições irrealizáveis e levou consigo sua memória, substituída pela nevoenta consciência dos novos moradores, por ora habitantes do limbo. O bairro foi excitado cem anos atrás pela pregação dos anarquistas italianos e espanhóis, líderes das grandes greves dos primeiros vinte anos do século passado. Enfim, o governador Altino Arantes esmerou-se ao deportar quatrocentos.

Outras visões são possíveis. Ou impossíveis? O célebre prédio da Guarantã, célebre no lugar, com sua escadaria escalada com naturalidade para ser o Gólgota das encenações da Paixão na Sexta-feira Santa, lá está, indiferente. Recordo a procissão que saía de São Januário e apinhava de rostos, orações e ladainhas as janelas dos casarões ao longo da rua da Mooca. E as calçadas, depois do ocaso.

Cristo flagelado e coroado de espinhos desfilava cercado pelos soldados romanos, os elmos brilhavam mais que os lampiões. Seguiam-no Maria em lágrimas e os demais figurantes da crucificação, sem exclusão da Verônica, que chegava de supetão com seu lenço amplo e prestimoso. O prédio da Guarantã tinha a ventura de ver galgada sua escadaria, feita Calvário, por um Cristo habilitado a carregar a cruz.

Verifico que aquela procissão hoje se chocaria com uma áspera, negra cerca de metal, de cancela hirta e controlada por seguranças. Seria interessante vê-los trajados de centuriões, mas até neste ponto sou traído. O Calvário da Mooca, precavido contra ataques profanos, hoje é inviolável mesmo para Cristo.

Reencontro estruturas ocas de fábricas de outrora, épocas da razão, da necessidade da Mooca. São órbitas vazias. Nos fundos de São Januário, atrás da abside, arcos enfeitados anunciam para espaços desolados uma festa sem similares, do padroeiro.

Não excluo que o evento se repita tempo adentro, e gostaria. Somos festeiros, a despeito de algumas adversidades.

Veio, então, um instante peculiar, entre a surpresa e o alívio. E não é que dou com a Cantina do Marinheiro? O enredo estica-se por mais de sessenta anos, remonta à Segunda Guerra Mundial. Quando eclode, encontra um transatlântico italiano, o Conte Grande, ancorado no porto do Rio de Janeiro. E ali fica, bloqueado pelo conflito.

A tripulação integra-se na atmosfera risonha, antibélica da capital federal. Muitos vivem amores brasileiros, duradouros. A turma da cozinha e dos restaurantes busca vida entre nós. *Maîtres* e garçons do Conte Grande irão valorizar o serviço do restaurante do Hotel Jaraguá, ponto alto do roteiro paulistano dos anos 1950. À época, no mesmo prédio, esquina da Martins Fontes com a Major Quedinho, coexistia o jornal *O Estado de S.Paulo*. A família dos donos, Mesquita, tomava seu uísque de fim de tarde no bar do Jaraguá. No térreo, dividido com equanimidade, o *lobby* do hotel e o saguão do diário, distinto e inconfundível.

In illo tempore, o *Estadão* fiscalizava severamente a origem da publicidade e mantinha no saguão uma espécie de bancada para receber os pedidos de classificados. Invenção do meu pai, Giannino, que trabalhou no jornal por 17 anos, até a morte. Na parede externa, fronteiriça à Rádio América e à embocadura da rua São Luís, um mosaico de Di Cavalcanti. Atrás da bancada, um afresco de Clóvis Graciano, retratando os Mesquita da geração mais jovem em trajes de bandeirantes, na saída da enésima aventura.

Dos retratados, poucos estão vivos. Tinham, contudo, o condão de se encararem antes do uísque cotidiano. Ah, as reminiscências... Enquanto isso, outros da cozinha do Conte Grande também foram bandeirantes, tomaram o caminho da restauração popular, digamos assim. Nasce então a Cantina do Marinheiro com suas paredes de ladrilhos mondrianescos. Humildes, porém, muito humildes, e invadidos por reproduções de barcos vetustos, alguns a vela.

Outra cantina criada por um dos tripulantes do Conte Grande, a do Marujo, estabeleceu-se lá pelas tantas no Tremembé. Servia um apreciável risoto de frutos do mar. Há tempos não sei dela. Descobrir na melancolia domingueira a Cantina do Marinheiro foi como dar com um amigo muito caro que supúnhamos irrecuperável. Entrei pela porta lateral do estabelecimento. A principal continua na Alcântara Machado. Meio da tarde, garçons e vizinhos assistiam a um jogo de futebol. O local não mudou, a comida não sei.

Saí do labirinto pelo Brás, e a mudança formal nele é mais profunda. O bairro verticalizou-se bastante e acentua a tendência. À Mooca tristonha, qual fosse herdeira do *spleen* de Álvares de Azevedo, contrapõe-se uma animação de feira nordestina. Digna de Caruaru em dias propícios. Acho que a praça da Concórdia gostaria de ser transferida para lá, como a casa da Virgem Maria voou sobre o Mediterrâneo e da Terra Santa pousou em Loreto, no centro da Itália, para o enlevo místico dos fiéis.

Fábrica desativada na avenida Presidente Wilson com os novos prédios da Mooca ao fundo.

PORTA
11

Sede da Di Cunto localizada na rua Borges de Figueiredo, 61.

Cena na avenida Presidente Wilson.

Feira livre das terças-feiras na esquina da rua do Oratório com a Pires de Campos.

Juan Samos Gimenez, espanhol de Granada há 40 anos na Mooca, em frente a sua oficina mecânica na esquina da rua Bixira com a Madre de Deus.

Rua Barão de Jaguara, próxima à rua Dom Bosco.

Velhas casas dão lugar aos novos prédios de apartamentos.

Fábrica da Antarctica desativada na avenida Presidente Wilson.

Detalhe da antiga Estação da Mooca.

Muro de fábrica desativada.

Esquina da rua Borges de Figueiredo com a Monsenhor João Felipo.

Arqueologia fotográfica

Hélio Campos Mello

Quase trinta anos se passaram desde a publicação de *Histórias da Mooca*, e hoje é bem mais difícil encontrar vestígios daquele antigo bairro operário, com suas pequenas casas e seus personagens típicos. São Paulo cresceu para cima, cresceu para os lados, e a Mooca foi obrigada a sacrificar boa parte de sua personalidade em troca dos condomínios verticais, com suas áreas de lazer e sua autossuficiência fechadas atrás de grades e de muros altos. Afinal de contas a Mooca está em São Paulo.

Para aquele trabalho, andei pelas ruas ainda razoavelmente tranquilas, como um garimpeiro em busca de imagens que mostrassem as raízes daquele antigo bairro de imigrantes, principalmente italianos. Hoje, ao repetir pequena parte daquela caminhada fotográfica, mais que um garimpeiro me senti um arqueólogo. Um arqueólogo cavando em pleno asfalto em busca de imagens fossilizadas e cada vez mais raras de um passado outrora romântico.

Hélio Campos Mello, fotógrafo, diretor de redação da revista *Brasileiros*, é paulista de São Paulo e descendente de italianos de Perugia e de portugueses de Covilhã.

Este livro foi composto em Rotis Serif, corpo 11/13,2, e
impresso pela Farbe Druck para a Boitempo em agosto
de 2009 com tiragem de 1,5 mil exemplares.